# José Pulido

# *OGNI CITTÀ DICE DI SÌ, GRIDA DI NO*

*CADA CIUDAD DICE QUE SÍ, GRITA QUE NO*

Prefazione di Alberto Hernández

*a cura di Lisette Fernandez
e Floriana Quaretti*

**Borella
Edizioni**

Copertina: Pixabay

ISBN 9798595855280

Volume edito da Borella Edizioni:
borellaedizioni@gmail.com
Self publishing
Volume ES - IT
Traduzioni di Floriana Quaretti e Lisette Fernandez

Stampato in Italia 2020

# José Pulido

*Poeta, scrittore e giornalista venezuelano, nato a Villa de Cura, il 1° Novembre 1945. Attualmente vive a Genova.*

*Ha diretto le pagine culturali dei giornali: El Nacional (1981-1988), El Diario de Caracas (1991-1995) e El Universal (1996-98). Membro fondatore dei supplementi Bajo Palabra (1995) e El otro cuerpo (1997-1998). Capo redattore, sotto la direzione di Salvador Garmendia, della rivista culturale Imagen (1994-1996).*

*Ha vinto il Premio Municipale per la letteratura, Poesia (2000), per la sua raccolta di poesie: Los Poseídos (1999). Ha pubblicato le poesie: Esto (1971), Parallelo Lelo, (1971), Peregrino de vidrieras (2001), Duermevela (2004).*

*È coautore di alcune raccolte poetiche: Linajes (1994), Vecindario (1994), Cortejos (1995), Invocaciones, (1996). Appare nell'Antologia del Circolo Metropolitano di Poesia di Caracas, pubblicato dal Centro di Studi Iberici e Americani di Salamanca "Federico de Onís-Miguel Torga" nel 2005. L'Accademia della Storia di Caracas ha pubblicato il libro delle interviste Muro de confesiones (1985).*

*Ha pubblicato i seguenti romanzi: Pelo Blanco (1987), Una mazurkita en La Mayor (Otero Silva Award 1989), Vuelve al lugar que se te ha señalado (raccolta di racconti), Los Mágicos (Biennale Internazionale finalista Herrera Luque) (1999), La canción del ciempiés (2004), La sal de la tierra (2004), El bululú de las Ninfas (2007), Dudamel, la sinfonía del barrio (2011), El requetemuerto (Libri di El Nacional 2012), Los héroes son villanos tímidos (racconti, 2013), Ponzoña de paisajes (romanzo). Le sue opere appaiono nell'Antologia in omaggio a Miguel de Unamuno, XV Incontro dei Poeti Iberoamericani, Salamanca 2012. Dal 2018 è invitato speciale al Festival Internazionale di Poesia di Genova. È presente con le sue opere nell'antologia Poeti uniti per il Venezuela 2018.*

*Ha ricevuto il premio alla carriera Orchidea d'Argento, consegnato dall'Associazione Culturale Orquìdea de Venezuela - Milano 2019.*

# Pròlogo

*LA COMARCA AFECTIVA O LA POLIS DEL DIARIO DEVENIR*

La ciudad es una extensa pregunta donde caben laberintos, callejones, fuentes luminosas, vehículos, recuerdos, desmemorias, amores u odios compartidos. También suele ser una gran expectación. La espera en una esquina. O un poema donde Kavafis aparece con una taza de café bajo la sombra de un árbol o del alero de un antiguo edificio.

Las ciudades hablan. Responden a sus propias preguntas. Suelen morigerar las oraciones, hacerlas monosílabos, estridencias o pesados silencios, estruendos, tonos elevados bajo las nubes o la ausencia de algún cielo que pronostique la total nocturnidad de sus habitantes.

¿Cuántas ciudades, qué ciudades, sus espacios abiertos, sus recámaras, rameras o santidades, sus buenos y malos sentimientos han sido capaces de aceptar el poema que se le dedica sin ninguna intención, que no sea celebrarlas, abatirlas o descubrirlas?

José Pulido es la ciudad tantas veces nombrada. Es Caracas, Maracay, Nueva York, Madrid, Salamanca, Milán, Roma, Génova. También es el recodo de una casa de su pueblo natal. Sus familiares recostados de una pared con la mirada puesta en una calle desierta. Ciudades, caseríos, villorrios, la comarca visible e invisible que revela los nombres de quienes las nombran, las afirman o las gritan.

Los que la desnudan, los que las visten. José Pulido ha sido y es las tantas ciudades que convergen en su insistencia, en su poesía, en los versos que se alargan en un paisaje arbolado, porque las ciudades también son árboles, jardines, hombres y mujeres, monumentos, puertas y ventanas, donde y con quienes ha vivido, con sus moradores, personajes con nombres y apellidos, filiaciones, sombras anónimas, sitios alegóricos, símbolos. Ha sido parte de sus traumas y reconciliaciones y, mientras labora en su voz, las relata, las describe, las dialoga: elabora sus metáforas y extiende su anatomía sintáctica en una lectura feliz con la belleza y libertad que usa para respirarlas y escribirlas.

# Prefazione

*LA REGIONE AFFETTIVA O LA POLIS DEL QUOTIDIANO*
*DIVENIRE*

La città è un esteso interrogativo in cui si intrecciano labirinti, vicoli, fonti di luce, veicoli, ricordi, dimenticanze, amori e odi condivisi. Di solito, la città è anche una grande aspettativa. L'attesa in un angolo. O una poesia in cui Kavafis appare con una tazza di caffè all'ombra di un albero, o sotto la grondaia di un vecchio edificio.

Le città parlano. Rispondono alle loro stesse domande. Tendono a moderare le preghiere, a renderle monosillabi, stridii o pesanti silenzi, rumori, toni acuti sotto le nuvole o l'assenza di un cielo che pronostichi la notte oscura e totale dei suoi abitanti.

Quante città, e quali città, con i loro spazi aperti, le loro stanze di puttane o sante, i buoni e cattivi sentimenti hanno saputo accogliere la poesia che è loro dedicata senza alcuna intenzione se non quella di festeggiarle, abbatterle, o scoprirle?

José Pulido è la città nominata così tante volte. È Caracas, Maracay, New York, Madrid, Salamanca, Milano, Roma, Genova. È anche l'angolo di una casa nella sua città natale. I suoi parenti appoggiati a un muro con gli occhi fissi su una strada deserta. Città, borghi, paesi, la regione visibile e invisibile che svela i nomi di chi li nomina, li afferma o li grida.

È chi spoglia le città, e chi le veste.

José Pulido è stato ed è le tante città che convergono nella sua insistenza, nella sua poesia, nei versi che si protendono in un paesaggio boscoso; perché le città sono anche alberi, giardini, uomini e donne, monumenti, porte e finestre, dove e con chi ha vissuto, con i suoi abitanti, personaggi con nomi e cognomi, affiliazioni, ombre anonime, luoghi allegorici, simboli. Le città hanno fatto parte dei suoi traumi e delle sue riconciliazioni e, mentre lavora con la sua voce, le racconta, le descrive, ci dialoga: elabora le sue metafore ed estende la sua anatomia sintattica in una lettura felice, con la bellezza e la libertà che usa per respirarle e scriverne.

Las ciudades son inasibles, ariscas, rebeldes, aunque se dejen querer. No son fáciles de domeñar. Pueden perder su identidad si alguien toca su memoria: su patrimonio más defendido está en el eco de su historia. José Pulido vierte en ellas todos los temas, desde los personales hasta los plurales.

La muerte –tan proclive a sentir lo urbano como olvido casi inmediato- está en unas líneas que nuestro poeta trata con elegancia: "Ante la pequeña muerte que es el miedo", y se aleja de ella con una mirada, mientras dice que "todas las hambres sin saciar sueltan sus fantasmas", pero no se trata del hambre física, sino de todas, las del cuerpo y las del espíritu, la que se mueve entre la basura, la que arrastra la lluvia por las calles.

La ciudad, por contenida en ella misma sea, es vulnerable ante "el virus de la verdad". Ellas son una verdad incuestionable. Son legajos públicos del tiempo. Son espacios que se trazan en la medida en que crecen, como las antiguas, dominadas por la guerra, por laberintos.

Toda ciudad lleva una Creta en sus límites.

Y el agobio, nombrado por el poeta, brilla en cada temblor en un parque, en un árbol, mientras el idioma que hablan sus habitantes se adhiere a las paredes como un legado, como el plano eficaz de los afectos en ausencia: "El paisaje de vivir afuera se disolvía angustiado/ en un morir de vientos…". Y ese es el caso de quien no respira los aires de su ciudad, de su país, quien "Lejos de casa", reza:


"Un motel un espacio criminal una soledad/ cero ángeles bajo la luz artificial/ del deterioro amén / el agua sin hielo con insomnio la desesperanza // la oscura lápida sobre la carretera/ quizá tarde un siglo el amanecer// insectos y demonios saltan/ al pozo de los sueños/ cama desconocida hedor de fiera/ quién sabe cuántos kilómetros necesita la melancolía".

Le città sono sfuggenti, indisciplinate, ribelli, anche se si lasciano amare. Non sono facili da domare. Possono perdere la loro identità se qualcuno tocca la loro memoria: la loro eredità più difesa è nell'eco della sua storia. José Pulido riversa in loro tutti i temi, da quelli personali ai plurali.

La morte - così incline a sentire l'urbano come oblio quasi immediato - è in alcune frasi che il nostro poeta tratta con eleganza: "Prima della piccola morte che è la paura", e se ne allontana con uno sguardo, mentre dice che "tutte le fami insoddisfatte liberano i loro fantasmi ". Ma non si tratta di fame fisica, ma di tutte le fami, quella del corpo e quella dello spirito, quella che si muove nella spazzatura, quella che trascina la pioggia per le strade.

La città, per quanto contenuta in se stessa, è vulnerabile al "virus della verità". Le città sono una verità indiscutibile. Sono registri pubblici del tempo. Sono spazi che si tracciano man mano che crescono, come l'antico, dominati dalla guerra, dai labirinti. Ogni città ha una Creta entro i suoi confini.

E il fardello, sentito dal poeta, risplende in ogni tremito: in un parco, in un albero, mentre la lingua parlata dai suoi abitanti si attacca ai muri come un lascito, come il piano efficace degli affetti in assenza: "Il paesaggio di vivere fuori si dissolveva nell'angoscia / nel morire dei venti... ". Ed è il caso di chi non respira l'aria della propria città, del proprio paese, che "Lontano da casa", recita:

"Un motel, uno spazio criminale, una solitudine / zero angeli sotto la luce artificiale / dal deterioramento amen / acqua senza ghiaccio con insonnia, disperazione // la lapide oscura sulla strada / potrebbe volerci un secolo per l'alba // insetti e demoni saltano / al pozzo dei sogni / letto sconosciuto puzza di bestia / chissà quanti chilometri ha bisogno la malinconia ".

Es la voz del desterrado, del que dejó la ciudad, del personaje homérico, del griego solitario, el que es capaz de orar para reclamar su derecho a vivir y extender su nombre en su ciudad, en la que niega, en la que grita, esa que pasa "al lado de distintas épocas ", en la que se alinean "casas de penumbras maceradas", y la que lleva en su vientre "la misma luz que brilla en las manzanas" y "serpea en el mendigo".
No es extraño encontrar una mano estirada. No es extraño que el poema diga: "Dios procede a soñar/ Dios prueba la poesía/ Dios saca su lengua de sombra de camello",
Y entonces el amor, delicado tema, en la tersura del rostro de la mujer de todos los años en las ciudades respiradas.
Este libro del poeta venezolano José Pulido es un reencuentro. Una visitación porque son los poemas del diario devenir. Los que niegan, gritan, pero también afirman la pasión por la poesía que los reúne.

*Maracay, Venezuela, 12 de agosto de 2019. Sin lluvia.*


Alberto Hernández

È la voce dell'esiliato, di colui che ha lasciato la città, del personaggio omerico, del greco solitario, di colui che sa pregare per rivendicare il suo diritto di vivere e diffondere il suo nome nella sua città, dove nega, dove grida, quella che passa "accanto a epoche diverse", dove si allineano "case di macerate tenebre", e quella che porta nel ventre "la stessa luce che splende sulle mele" e "serpeggia sul mendicante".
Non è insolito trovare una mano tesa. Non è strano che la poesia dica: "Dio continua a sognare / Dio mette alla prova la poesia / Dio tira fuori la lingua dall'ombra di un cammello",
E poi l'amore, un tema delicato, nella levigatezza del volto delle donne di tutte le età nelle città che respirano.
Questo libro del poeta venezuelano José Pulido è un rincontrarsi. Una manifestazione, perché sono le poesie del divenire quotidiano. Di chi nega, grida, ma afferma anche la passione per la poesia che li accomuna.

*Maracay, Venezuela, 12 agosto 2019. Niente pioggia.*


Alberto Hernández

*A mia moglie Petra Simne Jelisich,*
*a cui dedico sempre il meglio che faccio.*
*A due amichevoli scrittrici  che ammiro*
*per la loro passione creativa:*
*Lisette Fernández e Floriana Quaretti.*
*La mia poesia è con loro, e anche il mio rispetto.*
*Alla poetessa Erika Reginato, la cui amicizia è un privilegio*


*A mi esposa Petra Simne Jelisich,*
*a quien siempre dedico lo mejor que hago.*
*A dos escritoras amigas que admiro por su pasión creadora:*
*Lisette Fernández y Floriana Quaretti.*
*Mi poesía está con ellas y mi respeto también.*
*A la poeta Erika Reginato, cuya amistad es un privilegio*

## CONFESIONES EN UN PARQUE

Ante la pequeña muerte que es el miedo
el camaleón reencarna simultáneamente
se vuelve rojo, amarillo, morado
si viera tu dolor ¿Qué pasaría?
Camuflar y camelar no son familia
toda la madera del parque está agrietada
en el parque se destaca una cruz
la mirada se conduele de medio lado
siento lástima por las vacas acogotadas
siento lástima por Frankenstein
todo esto que se fractura y se extravía
es como una lástima de hospital

Si quieres ser como los camaleones
para que nadie sepa lo que sientes
no deberías decirlo
Te hallabas lamentando los momentos
-palabras más o palabras menos-
en que te domina la desesperación del golem
el vértigo de la monstruosidad
después te aplacas como una tormenta sin viento

No sé por qué contabas lo íntimo en un parque
quizá porque las hojas giraban en círculos perfectos y
el polvo las seguía las orejas se congelaban como si la
muerte estuviera sentada en el banco vecino

No es fácil entrometerse en los pormenores de la vida
propia no es bueno estar al borde de uno mismo
aunque sea justo y recomendable

*CONFESSIONI IN UN PARCO*
Davanti alla piccola morte che è la paura
il camaleonte si reincarna contemporaneamente
diventa rosso, giallo, viola
se vedessi il tuo dolore, cosa succederebbe?
Escamotage e addolcimenti non sono famiglia
tutta la legna del bosco è screpolata
nel parco spicca una croce
lo sguardo è addolorato da un lato
mi dispiace per le mucche
mi dispiace per Frankenstein
tutto questo, che si frattura e si smarrisce
è come una pietà da ospedale

Se vuoi essere come i camaleonti
in modo che nessuno sappia cosa provi
non dovresti dirlo
Ti lamentavi dei momenti
- parole più o parole meno -
in cui ti domina la disperazione del golem
la vertigine della mostruosità
poi ti calmi come una tempesta senza vento

Non so perché raccontavi del tuo intimo in un parco
forse perché le foglie giravano in cerchi perfetti e la
polvere li inseguiva
le orecchie si congelavano come se la morte fosse
stata seduta nella panchina accanto

Non è facile immischiarsi nei dettagli della propria
vita non è bello essere al limite di sé stessi
anche se fosse giusto e necessario

## POEMA AL ALCANCE DE LA MANO

El carrito del supermercado desfigura su avance
como si naciera por cesárea
hubo una vez uno que tintineaba
este carro encontró a dos ancianos y se los está
llevando abre un mar de frutas y verduras, de panes y
galletas
los sabores que van a perecer te saludan
hay algo espiritual en la musitada ausencia de las
ubres todas las hambres sin saciar sueltan sus
fantasmas
al otro lado de la alegría han de asustarse los dolores

habiendo tantos anaqueles
la señorita de la caja se ha quedado
mirando  pensamientos
el acelerador de partículas traza un círculo por debajo
de la tierra
puede congelar los océanos con una gota
y pulverizar con una chispa el Himalaya

El carrito toma muestras sagradas en planetas usados
y en lunas sin sonido
también recoge objetos indigentes para la dama de la
noche
en esta verde soledad el horizonte es más distante
fluyen bosques ardillas y venados
colinas verdes grama recién cortada
los hombres lobo, los hombres cuervo, las tortugas
originarias

*POESIA A PORTATA DI MANO*


Il carrello del supermercato sfigura il suo avanzare
come se fosse nato con taglio cesareo
c'era una volta uno che tintinnava
questo carrello ha trovato due anziani e li sta
portando davanti un mare di frutta e verdura, pane e
biscotti
i sapori che periranno ti salutano
c'è qualcosa di spirituale nell'assenza silenziosa delle
quantità
ogni fame senza saziarsi libera i suoi fantasmi
dall'altro lato della gioia devono essere spaventati i
dolori

avendo così tanti scaffali
la signora della cassa è rimasta
a contemplare pensieri
l'acceleratore di particelle disegna un cerchio sotto la
terra
può congelare gli oceani con una goccia
e polverizzare con una scintilla l'Himalaya

Il carrello preleva campioni sacri su pianeti usati e in
lune senza suono
raccoglie anche oggetti abbandonati dalla signora
della notte
in questa verde solitudine l'orizzonte è più distante
scorrono scoiattoli e boschi di cervi
colline di erba verde appena tagliata
i lupi mannari, gli uomini corvo, le tartarughe native

danzan con el aliento bárbaro de la madrugada
y a veces asumen figuras de aire y roca
la luna era una pulpa transparente y tendría que
llover
hay kachinas rajando embarazos de nubes
apurados por la insistente dance of the rain
aunque este prado no sufre de sequía
el chamán con cuernos de bisonte adolorido
dice saltando en la cascada de su sangre
"debes aprender a necesitar lo que no te parece
necesario"
el acelerador transporta una partícula de un sitio a
otro
sin pasar por el centro y eso es como viajar hacia el
pasado
el niño Jesús no conoció los carritos que tintineaban
pero ahora la cajera dice: veintiuno con cuarenta
sin importar que existo
y estoy a punto de transitar sus ojos cuando entrego el
dinero
aunque es obvio su poder congelador de mujer
desvalida
Apolo sería pulverizado si ella odiara

La niebla cubre todo
para que nadie vea quién ha bajado
o quién ha subido
¿qué es un conejo?
mascota o comida
celaje o paisaje

danzano con l'alito barbaro dell'alba
e a volte assumono forme di aria e roccia
la luna era una polpa trasparente e dovrebbe piovere
ci sono spiriti ancestrali che rompono le gravidanze
delle nuvole
affrettati dall'insistente dance of the rain
sebbene questo prato non soffra di siccità
lo sciamano con corna di bisonte dolente
dice saltando nella cascata del suo sangue
"Devi imparare ad aver bisogno di ciò che non pensi
sia necessario"
l'acceleratore trasporta una particella da un punto
all'altro
senza passare per il centro ed è come viaggiare nel
passato
il bambino Gesù non conosceva i carrelli che
tintinnavano
ma ora la cassiera dice: ventuno e quaranta
non le importa che io esista
e sono vicino a incrociare il suo sguardo quando le
allungo il denaro
sebbene sia ovvio il potere della sua freddezza di
donna inservibile
Apollo sarebbe polverizzato se lei lo odiasse

La nebbia copre tutto
perché nessuno veda chi è sceso
o chi è salito
Cos'è un coniglio
un animale domestico o cibo
presagio o paesaggio

el mirar rosado encendido apagado
he ahí un misterio encendido rosado
y no preguntes por el ornitorrinco

¿por qué la primera mujer rechazó al padre Adán?
¿fue por su posición en el acto amoroso o por su
posición
como primer hombre nacido del aliento divino?
Adán carecía de sexualidad
Lilith poseía un elevado gusto

Llueve y el pequeño conejo
come su hierba en paz
aprovecha que el halcón no vuela bajo el agua
el conejo mordisquea el corazón de la humedad
y en la cascada de su sangre
es un recuerdo de las praderas
un parpadeo de los atardeceres más universales
un conejo puede ser todo lo que sientes al mirarlo
pero nunca sabrás en realidad
por qué ha venido

liberar la dignidad que habita en cada hecho
y en cada cosa
pongamos más bien "en cada frase"
es una función no obligatoria
de la poesía
 hay que enfermar  a
todos estos desgraciados
con el virus de la verdad

lo sguardo rosato acceso affievolito
c'è un mistero incendiario sul rosa
e non chiedere dell'ornitorinco

perché la prima donna ha respinto il padre Adamo?
Era a causa della sua posizione nell'atto d'amore o per
la sua condizione
di primo uomo nato dal respiro divino?
Adamo mancava di sessualità
Lilith aveva un gusto raffinato

Piove e il piccolo coniglio
mangia la sua erba in pace
approfitta del fatto che il falco non vola sotto l'acqua
il coniglio rosicchia il cuore dell'umidità
e nella cascata del suo sangue
è un ricordo delle praterie
uno sfarfallio dei tramonti più universali
un coniglio può essere tutto ciò che senti quando lo
guardi ma non saprai mai in realtà
perché è arrivato

liberare la dignità che abita in ogni evento
e in ogni cosa
mettiamo più bene"in ogni frase"
è una funzione non obbligatoria
della poesia
bisogna ammalare tutti questi disgraziati
con il virus della verità

y no te esfuerces con el ornitorrinco
trata de concentrarte en el conejo
¿qué cosa es un conejo?

¿Por qué Caín mató al primer hermano
que retoñó en el cosmos?
Caín fue marcado para que nadie lo matara
¿Quién hizo a esos seres capaces de matarlo?
¿Quién creó a la mujer que tuvo los hijos de Caín?

no es posible explicar a Dios
solo puedes caminar con él
es como querer amarrar el agua

La poesía no es un estertor
no es un grito pidiendo ayuda
no es un gemido adocenado
la poesía no es un lamento
la poesía no surge de alguien en particular
porque nació a la par de la luz de la existencia
puede congelar y pulverizar
con la gota o la chispa de una imagen
la poesía a veces es una marginada maldición
para aquellos que solo entienden
la mitad de la mitad de nada

lo paradójico del ornitorrinco
es algo inasible para la mediocridad
si no tienes kachinas que te ayuden
lee hasta que te sangren las razones
lee hasta encontrarte en el futuro
con el acelerador de partículas que tintineaba
en las soporíferas ausencias de las dos de la tarde

e non sforzarti con l'ornitorinco
prova a concentrarti sul coniglio
che cos'è un coniglio?

Perché Caino uccise il primo fratello
cosa si è scatenato nel cosmo?
Caino fu marchiato, perché nessuno lo uccidesse
Chi ha reso quegli esseri capaci di ucciderlo?
Chi ha creato la donna che ha avuto i figli di Caino?

non è possibile spiegare Dio
puoi solo camminare con lui
è come voler legare l'acqua

La poesia non è un rantolo
non è un grido di aiuto
non è un gemito mediocre
la poesia non è un lamento
la poesia non deriva da qualcuno in particolare
perché è nata accanto alla luce dell'esistenza
può congelare e polverizzare
con la goccia o la scintilla di un'immagine
la poesia è talvolta una maledizione emarginata
per chi capisce solo
metà della metà del nulla

il paradosso dell'ornitorinco
è qualcosa di inafferrabile per la mediocrità
se non hai gli spiriti ancestrali per aiutarti
leggi fino a quando le ragioni sanguineranno
leggi fino a quando non ti ritroverai nel futuro
con l'acceleratore di particelle tintinnante
nelle assenze soporifere delle due del pomeriggio

*PODRIAN SER CONSEJOS Y LO SON*

El halcón observa con prestancia el lejano cuello
palpitante
de ese modo te alegras
La paloma al temblar asume el ritmo de las sombras
veloces
así te amargas

Y no debes vivir la temporalidad de quien adoras
porque ardería lo que tienes de montaña
y porque no hay moral de amor

pero puedes acudir con táctica y nobleza
a calmar un poco las angustias
sean de las que muerden o de las que arrodillan
¿cómo se combate o se eclipsa el paso de una
angustia?
como si el apocalipsis hubiera agrietado la ciudad
como si el apocalipsis hubiera dejado caer sus ángeles
de lava y piedra
como si la maldad hubiera desvestido sus llagas más
preciadas
y tuvieras una pila bautismal en medio de la sala
A veces el sol se aleja despreciando el frío
y no atraviesa las nubes su ceguera derramada
el viento ruge imitando terremoto y maremoto
asustando pulmones
no puedes seguir el paso del gran perro que persigue
las ruedas de los tiempos agobiantes

*POTREBBERO ESSERE CONSIGLI E LO SONO*

Il falco attende con impazienza il lontano collo
palpitante
in questo modo ti rallegri
La colomba tremante assume il ritmo delle ombre
veloci
così ti amareggi


E non dovresti vivere la temporaneità di chi adori
perché brucerebbe ciò che hai di grandioso
e perché non c'è morale d'amore


ma puoi andare con giudizio e nobiltà
a calmare un po' le angosce
siano quelle che mordono o fanno inginocchiare
come si combatte o si eclissa il passaggio
dell'angoscia?
come se l'apocalisse avesse spezzato la città
come se l'apocalisse avesse lasciato cadere i suoi
angeli di lava e pietra
come se il male avesse spogliato le sue piaghe più
preziose
e avessi un fonte battesimale nel mezzo della stanza
A volte il sole se ne va disprezzando il freddo
e la sua cecità rovesciata non passa attraverso le
nuvole
il vento ruggisce imitando il terremoto e il maremoto
spaventando polmoni
non puoi tenere il passo del grosso cane che insegue
le ruote di tempi travolgenti

hay un soplo tanático encuevándose
en el pesimismo de cada temporada
no puedes morir la muerte de quien amas
porque congelarías lo que hay de camposanto en ti
esa tierra negra, ese mármol escrito, esas flores
podridas

El sol que habían domesticado los tatarabuelos de tus
tatarabuelos
es el mismo que congeló las manos y las orejas de
todos esos seres
y después se volvieron un polvo de esqueletos
porque el sol es el carcelero de la gelidez y a veces la
libera
el viento "del qué dirán" es un gigantesco modo de
inocencia terrible
que te pervierte el alma con alergias frutales de
serpiente
y no debes seguir imaginando que sufres
cuando ni siquiera has sabido ubicar las desventajas
de amar
como si fuera lo último que se hace
Esto es un gran desorden señor mío
hace falta que usted gobierne, señora mía
vaya: tengo cosas de hijo y de pordiosero
de verdad se puede avizorar que las telarañas cruzan
el espacio
se te pegan en la cara y no son besos: en la cara
no es que se deba vivir de recuerdos
pero hace falta la experiencia
para comenzar cualquier empresa de inteligencia
espiritual notablemente bella y ambiciosa

un alito tanatico si nasconde
nel pessimismo di ogni stagione
non puoi uccidere la morte di chi ami
perché congeleresti ciò che del camposanto è in te
quella terra nera, quel marmo scritto, quei fiori marci


Il sole addomesticato dai trisnonni dei tuoi bisnonni
è lo stesso che ha congelato le mani e le orecchie di
tutti quegli esseri
che poi sono diventati polvere di scheletri
perché il sole è il carceriere del gelo e talvolta lo libera
il vento del "cosa diranno" è una gigantesca norma di
terribile innocenza
che perverte la tua anima con allergie ai frutti di
serpente
e non dovresti continuare a immaginare di soffrire
quando non hai nemmeno conosciuto gli svantaggi
dell'amare
come se fosse l'ultima cosa fatta


Questo è un grande disordine signore mio
c'è bisogno che lei governi , signora mia
Vedi: ho cose di figlio e di mendicante
davvero puoi vedere le ragnatele che attraversano
l'aria
si attaccano al tuo viso e non sono baci: in faccia
non si dovrebbe vivere di ricordi
ma è necessaria l'esperienza
per avviare qualsiasi impresa d'intelligenza
spirituale straordinariamente bella e ambiziosa

*ANALISIS DEL AGOBIO, QUIZA*

Es un corazón tan químico
hay efluvios de amnesia en su interior,
giros de caracola con desazón oceánica
un dardo cuántico de campanada en cobre
una pasión de humus en el cidro
un hundimiento inesperado en la revelación
de amargas cepas

Escasez de potasio como escasez de amor
nublado y sin certezas el corazón desdobla una carta
extranjera
algo que se ha olvidado entre las páginas igual que flor
de libro
pongamos que era un mes aplastado en sus pétalos
¿podría significar una nueva belleza? ¿podrían herirla
tanto?

Que un día hubiera sido de un blanco inmaculado
no le curaba la infección en sepia
gracias a la arqueología de las carpetas fue
encontrado
durante la jornada de botar nostalgias
el sobre acuchillado de tormentos para una sola gente

No nos aclaró nada, estaba demolida ese domingo
conservando el aliento de lo que fue perderse
y no quiso seguir limpiando el mueble

## ANALISI DELL'ANGOSCIA, CHISSA

È un cuore così chimico
ha effluvi di amnesia dentro sé
spire di conchiglia con un disagio oceanico
un dardo quantico di campane in rame
una passione di humus di cedro
un naufragio inaspettato nella rivelazione
di amari ceppi

Carenza di potassio come carenza d'amore
annebbiato e senza certezze il cuore dispiega una
lettera straniera
qualcosa che è stato dimenticato tra le sue pagine,
come un fiore in un libro
supponiamo che fosse schiacciato da un mese tra i
suoi petali
potrebbe significare una nuova bellezza? Potrebbero
ferirlo tanto?

Se un giorno fosse stato di un bianco immacolato
non sarebbe guarito dall'infezione in seppia
grazie all'archeologia delle cartellette fu trovato
durante la giornata a esplodere di nostalgia
la busta accoltellata dai tormenti per una sola persona

Non ci disse nulla, era distrutta quella domenica
conservando l'alito di quello che fu il perdersi
e non volle più continuare a spolverare il mobile

tendría que llorar si encontraba una fotografía de
cuando estaba a salvo
suceso equivalente a una traición de amor
repetida y calcada en el entendimiento
como un eco de oro, de ácido de oro, de agonizar
brillando

le veniva da piangere vedendo le fotografie di quando
era in salvo
fatto paragonabile a un tradimento amoroso
ossessionata e schiacciata dalla comprensione
come un eco dorato, un acido d'oro, una scintillante
agonia

*HABLAR PUEDE SER EXTRAÑO*

Las palabras son huevos del origen del nido
lo irreal, lo seminal, lo volador
hablar es un desagüe del vivir
todos los muros del pasado desgastándose

la indefensión incita al habla, es necesario hacerlo
el día es un repertorio de voces y artificios
se habla de diabetes, de ausencias y de ropa,
de agonizar en un hospital donde se desconcha la
pintura
se habla al socaire de íncubos y súcubos
de gotas nasales, de sábados y domingos
la factura de odontología, el sentimiento ambiguo

pero nunca se estudiará el amor en toda la extensión
de la palabra
palabra esculpida con un parpadeo sagrado para que
parezca corta
no se trata de caprichos instantáneos reprimidos
ni del Cantar de los Cantares, bella sustitución
de palabras obscenas en el acto sexual

hay pasiones que son incendios forestales
o pequeñas fogatas en la playa
pero nunca la conciencia ha definido el amor y sus
compartimientos
sin artilugios de sumisión, sin odios en su espectro

*PARLARE PUO' ESSERE STRANO*

Le parole sono le uova dell'origine del nido
l'irreale, il germinale, ciò che vola
parlare drena il vivere
tutti i muri del passato si logorano

l'essere indifesi incita a parlare, è necessario farlo
il giorno è un repertorio di voci e artifici
si parla di diabete, di assenze, di vestiti,
dell'agonizzare in un ospedale con le pareti scrostate
si parla al riparo di incubi e di succubi
di gocce nasali, di sabati e di domeniche,
la fattura del dentista, il sentimento ambiguo

però mai verrà studiato l'amore in tutte le sfumature
della parola
parola scolpita con un battito di ciglia sacro, perché
sembri più corta
non si tratta di capricci momentanei repressi
né del Cantico dei Cantici, una bella sostituzione
delle parole oscene nell'atto sessuale

ci sono passioni che sono incendi forestali
o piccoli falò in spiaggia
però la coscienza non ha mai definito l'amore e i suoi
scompartimenti
senza congegni di sottomissione, senza odi nel suo
spettro

nadie lo ha conocido como desvestir una cebolla
tal vez carece de capas infinitas

millones de carros desaparecieron, somos chatarreros
de ilusiones
millones de pájaros murieron, son un osario arcaico
millones de familias
observa las gaviotas en las rocas salobres esperando
nerviosas
todas se han asoleado de la misma manera

tanto dolor de árbol me sojuzga, sustitución de moral
con gripe y fiebre
pesadez en el fondo
no puedo levantar la mirada más allá de los techos
lo que ya otros tuvieron y sintieron se ha marchado
y quedamos nosotros haciéndolo
con el regusto propio de cada quién y debes tratar de
saborear
ese componente tórrido o sensual que puede caber
en el envase denigrante de un suspiro
o en la cara que deseas acercar a tu imberbe temor

bueno: has algo que parezca hecho por ti
más tuyo que el silencio
en arrogante mudez de expósito cuya experiencia es
cero
y en caso de que tengas que hablar sin atenuantes
trata entonces de armar
una fallida frase de sensación hermosa
como la seda insaciable del placer que en la noche
embelesa

nessuno l'ha conosciuto come lo sfogliare di una
cipolla può darsi sia carente di strati infiniti


milioni di automobili sono scomparse, siamo rottami
di illusioni
milioni di passeri sono morti, sono un ossario arcaico
di milioni di famiglie
osserva le gabbianelle sulle rocce salmastre aspettano
nervose
tutte sono rimaste sole nello stesso modo


tanto dolore di albero mi soggioga, sostituzione della
morale con il raffreddore e la febbre
pesantezza di fondo
non posso sollevare lo sguardo oltre i soffitti
quello che gli altri hanno avuto e sentito se n'è andato
e rimaniamo noi facendolo
con un retrogusto unico ciascuno, e dobbiamo provare
ad assaporare
quella componente torrida o sensuale che può
adattarsi allo spiacevole contenitore di un sospiro
o al viso che vuoi avvicinare alle tua imberbe paura


bene: fai qualcosa che sembri essere stato creato per
te
più tuo del silenzio
nell'arrogante mutismo ostentato la cui esperienza è
zero
e nel caso in cui tu debba parlare senza attenuanti
prova allora ad armare
una frase fallita con una bella sensazione
come la sete insaziabile di piacere che di notte
t'inebria

*LA EXISTENCIA*

La existencia dicta los derechos
y la esencia dicta los deberes
ese podría ser el esquema de todas las relaciones
pero cuando estaban intentando entender el solsticio
de invierno
decidieron separarse tan iguales a los broches de una
chaqueta
no se besaron y sin embargo se despedían para
siempre habían conjugado sus espacios con gran
justicia
y sus movimientos en el terreno del amor
aunque aquella Navidad tan repetitiva
que en realidad no celebraba el nacimiento del hijo de
Dios
sino todo lo que enternece y divierte
fue una encerrona de días y días aburridos
hasta el punto de que uno de los dos comenzó a decir
que necesitaba cambiar de vida
como si pudiera cambiarse lo vivido

Ella se despierta de madrugada y su brazo izquierdo
abre el gran trigal de las estrellas por la mitad
¿Sabes cómo eran tu abuela y tu abuelo? le pregunta
y es innecesario pero agrega
¿tienes fotos de cuando ellos posaban?

ella responde que no, y su brazo derecho
cae en la cama empapada de lumbres y de fuegos
Creo que hasta ahí llegan nuestras familias
yo tampoco tengo fotos de mis abuelos dice él

*L'ESISTENZA*

L'esistenza definisce i diritti
e l'essenza definisce i doveri
questo potrebbe essere lo schema di tutte le relazioni
però, quando stavano provando a comprendere il
solstizio d'inverno
decisero di separarsi come i due lembi di una camicia
non si baciarono e senza attendere si dissero addio
per sempre
avevano unito i loro spazi con grande senso di
giustizia
e i loro movimenti nelle terre dell'amore
anche in quel Natale così ripetitivo
che in realtà non celebrava la nascita del figlio di Dio
ma tutto quello che intrattiene e diverte
fu una trappola di giorni e giorni di noia
fino al punto che uno dei due iniziò a dire
di aver bisogno di cambiare vita
come se fosse possibile cambiare il vissuto

Lei si sveglia all'alba e il suo braccio sinistro
spalanca il cielo seminato di stelle per metà
Sai com'erano tua nonna e tuo nonno? Le chiede
e non è necessario, ma aggiunge
Hai delle foto di loro mentre ridevano?

Lei risponde di no, e il suo braccio destro
cade nella stanza inzuppata di luci e di fuochi
Credo che arrivino fino a lì le nostre famiglie
nemmeno io ho foto dei miei nonni, dice lui

## NOSTALGIA DE CIRCO

En la bahía de su sombra temblaban
el fantasma de la cintura y un complejo barbitúrico
a lo antes señalado arguye con un gesto
que su desprecio de ninfa
serpiente de ojos negros sin acústica
puede hundirnos

El amor huye de la amargura y de los nervios
como el ínfimo cangrejo
ante la estampida del ocaso

Viendo estallar las pompas de jabón
el tragasables augura y le murmura
que un día se elevará de nuevo
como suplente de una ausencia
pero en la edad de lavar ropa
los trajes deben lucir su fantasía

Usen los ojos de mi infancia
como epitafio para circos
un ciclón hundió sus ojos
y estaban llenos de jaulas
sepan que los marfiles nunca flotan
y en la radio se ahogó el circo Razzore

¿Che distruggono la mia salute? ¡no!
¿Que l'amore? me destroce? ¡sí!
aprender italiano es un juego que asumo a mitad de
semana
cuando de repente necesito el losartán

*NOSTALGIA DEL CIRCO*

Sotto la sua ombra si inzuppavano
il fantasma della cintura e un complesso barbiturico
ai sopra segnalati afferma con un gesto
che il suo disprezzo di ninfa
serpente dagli occhi neri senza acustica
può rovinarci

L'amore fugge dall'amarezza e dal nervosismo
come l'infimo granchio
davanti all'ordalia del tramonto

Guardando installare i distributori di sapone
il mangiaspade profetizza e le mormora
che un giorno si eleverà di nuovo
come sostituta di un'assenza
però nell'età in cui si lavano i panni
i costumi dovranno mostrare la sua fantasia

Usate gli occhi della mia infanzia
come epitaffio per i circhi
un ciclone affondò i suoi occhi
ed erano pieni di gabbie
sappiate che gli avori non galleggiano
e in radio soffocò il circense Razzore

Distruggeranno la mia salute? No!
E l'amore? Mi distrugge? Si!
imparare l'italiano è un gioco di cui mi prendo carico a
metà settimana
quando d'improvviso ho bisogno del Losartan

es tan popular el losartán
ella lo trae, buscado y encontrado
pero cuando me besa cadencioso el beso
difiero de las medicinas
ahora solo quiero disfrutar bajo la carpa
que es una sombra oftálmica de mantarraya

El hechizo era algo más que una emoción de escena
espectáculo alegre, misa de miedos frágiles
que se ha marchado pero no se ha ido
porque es lo excepcional que nos conmina
la magia cruel de los lenguajes escondidos,
el gran logro del cuerpo hermoso
cincelando el suicidio
y el espíritu grandioso en su cojera
que nos ayuda a levantar el día
como la pesa de mi mujer forzuda

La flacura cansada evidencia la vejez del tigre
la escasez de risas hace notar la vejez del payaso
el llanto de la trapecista borda un mapa de arrugas
la carpa remendada no es el cielo
los mástiles no aguantan el castaño sitio tormentoso
el colorido sepelio de la pequeña caja sin público
invitado
todo indica que el lunes
amanecerá vacío ese terreno

è così popolare, il Losartan
lei lo tira fuori, cercato e trovato
ma quando i suoi baci cadenzati mi sfiorano
io sono diverso dalle mie medicine
ora vorrei solamente godermela sotto la tenda
che è l'ombra di una manta impressa nelle pupille

L'incantesimo era più di un semplice brivido di scena
spettacolo gioioso, messa di fragili paure
che è partito ma non è andato via
perché è l'eccezione a intimarci
la magia crudele delle lingue nascoste,
la grande realizzazione del bel corpo
scalpellando il suicidio
e il forte spirito nel suo zoppicare
che ci aiuta a svegliare la giornata
come i manubri di mia moglie forzuta

La magrezza stanca testimonia la vecchiaia della tigre
la scarsità di risate evidenzia la vecchiaia del
pagliaccio
il pianto del trapezista ricama una mappa di rughe
la tenda rappezzata  non è il paradiso
gli alberi non possono resistere al luogo tempestoso
dei castagni
la colorata sepoltura della scatoletta senza un
pubblico invitato
tutto indica che il  lunedì
quella terra sorgerà vuota

## UNA RUEDA, DOS RUEDAS

Fui con mi bicicleta
y tuve que frenar ante el vacío
un paisaje paralítico sin tu cabeza alborotada
un descoyunte entre la imagen que no estaba
y la presencia que me suponía
frené donde tronaban las centellas
y como en ese momento no llovió
desconfié para siempre de los truenos

Había un hueco más grande que una noche
donde a veces te sientas
el mar entero se concentró en mi pecho
el pecho lleno de ballenas
las tormentas buscando el apareo
con las nubes tortuosas
tu ausencia fue un calambre
en mis procesos de vergüenza
¿por qué no te ensañabas
usando tu perfecta indiferencia
ahí donde las golondrinas daban vueltas
creyéndole a los truenos?
Hasta cuándo será que tu figura
proveniente de lavanderas liberadas
exprimirá como obsesión los trapos de mi cuerpo
los pañuelos cardíacos
ni siquiera te das por enterada
de que tienes oficios criminales
retorciendo tristezas y haciéndome rodar
todo engrasado de equivocaciones

## *UNA RUOTA, DUE RUOTE*

Sono andato con la mia bici
e mi sono dovuto fermare davanti al vuoto
un paesaggio paralizzato senza la tua testa scapigliata
una sfasatura tra l'immagine che non c'era
e la presenza che avevo presunto
mi sono fermato dove luccicavano le saette
dal momento che non ha piovuto
ho diffidato per sempre dei tuoni

C'era un buco più grande di una notte
dove a volte ti siedi
tutto il mare si concentrò sul mio petto
il petto pieno di balene
le tormente in cerca di accoppiamento
con le nuvole tortuose
la tua assenza è stata un crampo
nei miei processi di vergogna
perché non ti sei mostrata
usando la tua perfetta indifferenza
là dove le rondini giravano
credendo ai tuoni?
Fino a quando la tua figura
proveniente da lavandaie liberate
spremerà come ossessionata i drappi del mio corpo
i fazzoletti cardiaci
neanche sei consapevole
che fai mestieri criminali
torcendo tristezze e facendomi rotolare
tutto unto di equivoci

Estabas más presente que mi bicicleta
en aquel día desierto
jamás hablé contigo
nunca te dije que te buscaría
pero has debido presentirme
porque compré una bicicleta azul brillante
incendiada en platinas
pensando que mirarías con atención su desespero
sus frenos, sus pedales

Puedes pasar mil años sin manejar una tristeza
pero cuando tienes que encaramarte
en el mecanismo melancólico del desánimo
te arrebatas y en el acto entiendes
que el tejemaneje no se olvida
subes tu cuerpo al antro de la noche
abres tus brazos a la impotencia en cruz
tocas las soledades más viejas del planeta
truenas en el rencor de no poder hallarte
y lloras cuando cae el agua de la ducha
lloras, al fin, el mar.

Eri più presente della mia bici
in quel giorno deserto
non ti ho mai parlato
non ti ho mai detto che ti avrei cercato
ma devi avermi percepito
perché ho comprato una bici blu brillante
fiammeggiante di platini
pensando che avresti guardato attentamente la sua
disperazione, i suoi freni, i suoi pedali

Puoi passare mille anni senza gestire una tristezza
ma quando ti devi posare
nel meccanismo malinconico dell'abbattimento
ti strappi e nell'atto capisci
che la malefatta non si dimentica
carichi il tuo corpo all'inizio della notte
apri le braccia all'impotenza in croce
tocchi le solitudini più antiche del pianeta
tuoni nel rancore di non riuscire a trovarti
e piangi quando cade l'acqua della doccia
piangi, finalmente, il mare.

*RETRATO LOCAL*

Lo que me pasa es que el día está ahí
como un dragón encandilado de hambre
avanzo hacia sus fauces con olor a ciudad
un leve óxido consumado en las herramientas del
alma

sus sonidos dejan en el oído la ponzoña
del siglo antepasado, un transcurrir ignoto
se desea de una vez el bendito universo
y apenas ha llegado un fragmentado sol de la mañana

todo el abecedario se oculta bajo el musgo
del prado endurecido con fósiles lamentos
que de noche fenece como un perfil de ramas

Ella me delineaba esos detalles quizá intrascendentes
los árboles sombreaban susurrando meses
y lo que viene ahora: qué deshojamiento, amor, tan
ardoroso

*RITRATTO LOCALE*


Quello che mi succede è che il giorno è lì
come un drago abbagliato dalla fame
mi muovo verso le sue fauci con un odore di città
una leggera ruggine consumata negli attrezzi
dell'anima

i suoi suoni lasciano nell'orecchio il veleno
del secolo degli antenati, un passaggio sconosciuto
si desidera da subito l'universo benedetto
ma è appena arrivato un frammentato sole mattutino

l'intero alfabeto si nasconde sotto il muschio
del prato indurito con lamenti fossili
che di notte perisce come un profilo di rami

Lei mi delineava quei dettagli forse irrilevanti
gli alberi ombreggiavano sussurrando mesi
e ciò che sta arrivando ora: la caduta delle foglie,
l'amore, così ardente

*SUENOS SIN NOVEDAD*

He sido arrojado del paraíso ¿Puedo sentarme aquí?
pregunté
y agradeció mi pregunta porque estaba a punto de
desaparecer
me hallaba sumergido en uno de esos desemejantes
sueños que acontecen en sitios solemnes y alevosos

La cosa rumorosa revela los desiertos que su sed ha
tragado
pero su canto adormece cualquier insano brote
no me achaques el caos,
es que un recuerdo de playa me ha comido

Ellas amamantaron y ahora se deshacen especulé al
mirarlas ancianas en traje de baño, portando el vítreo
afán de sus caderas y el delta de sus venas rumbo a la
bella muerte que el destino ha tejido
para dejar un poco de orfandad encima de los gatos y
del Credo de la misa y en el bullir de nietos cuyo
futuro nunca empieza

Cosechaba impiedades recordando la dulzona leche
junto al sopor de axilas y el crudo altar de los pezones
ahuecados

*SOGNI SENZA NOVITÀ*

Sono stato cacciato dal paradiso. Posso sedermi qui?
Ho chiesto
e ha apprezzato la mia domanda perché stava per
scomparire
ero immerso in uno di quei sogni diversi
che accadono in luoghi solenni e insidiosi

La cosa che sussurra rivela i deserti che la sua sete ha
ingoiato
ma la sua canzone intorpidisce ogni folle esplosione
non mi acciacca il caos,
è che un ricordo della spiaggia mi ha mangiato

Hanno allattato e ora cadono a pezzi, le ho
immaginate guardandole vecchie in costume da
bagno, che si affannano con l'entusiasmo vitreo dei
loro fianchi
e il delta delle loro vene verso la bella morte che il
destino ha tessuto
per lasciare un po' orfani i gatti e il Credo della messa
e nel trambusto dei nipoti il cui futuro non inizia mai

Seminava empietà ricordando il dolce latte
accanto allo stupore delle ascelle e all'inclemente
altare dei capezzoli perforati

"Siento el abrazo, la ternura imposible por su efímera
instancia"
veía las ancianas como despojos de madre y en eso me
equivocaba
una abuela es tragedia doble, pero alegría sin fin
No debería juzgar un sueño que nadie ha organizado
solo he recibido bondad de las mujeres cuantimás de
mi madre;
a veces me acurruco lastimoso bajo la presión
asmática de la noche
y escucho que murmura como la cosa rumorosa:
"nosotras llorábamos"

"Sento l'abbraccio, la tenerezza impossibile per la sua
fugace istanza"
vedevo le donne anziane come degli avanzi di madre e
in questo mi sbagliavo
una nonna è doppia tragedia, ma gioia infinita
Non dovrei giudicare un sogno che nessuno ha
organizzato
ho ricevuto solo gentilezza dalle donne tanto quanto
da mia madre;
a volte mi rannicchio pietosamente sotto la pressione
asmatica della notte
e sento che mormora rumorosamente : "noi
piangevamo"

*DEBERIAMOS SER VERDAD*

No hay una gota de luz en lo profundo
del espacio donde la especie aflora
mientras en las afueras corren los acertijos
la noche fundacional procede
del cielo de la boca de un arcángel

Dicen que Dios mató al leviatán hembra
y al final de los tiempos
todos estaremos invitados para comer sus carnes
la verdad es así de injusta y misteriosa

Hay que decir la verdad
es algo parecido a sacar ostras de tu cuerpo
a permitir que la sinceridad avasalle la mente
y someta la parte visible del espíritu

Hay que buscar la verdad
meter las manos en las cuevas del agua,
en las rendijas de las rocas
desafiar el tránsito de ponzoñas y venenos
sentir los pies livianos mientras te sangra la voz
la única verdad no es la muerte:
también es verdad haber nacido

*DOVREMMO ESSERE VERITA'*

Non c'è una goccia di luce nel profondo
dello spazio in cui emerge la specie
mentre in periferia corrono gli enigmi
la notte fondamentale procede
dal cielo dalla bocca di un arcangelo

Dicono che Dio abbia ucciso il leviatano femmina
e alla fine dei tempi
saremo tutti invitati a mangiare le loro carni
la verità è così: ingiusta e misteriosa

Dobbiamo dire la verità
è qualcosa di simile a trarre delle ostriche dal tuo
corpo
permettendo alla sincerità di sopraffare la mente
e sottomettendo la parte visibile dello spirito

Dobbiamo cercare la verità
mettere le mani nelle caverne d'acqua,
negli anfratti delle rocce
sfidare il transito delle tossine e veleni
sentire i piedi leggeri mentre la voce sanguina
l'unica verità non è la morte:
è anche vero l'essere nati

Eliminar un día, aunque no sea glorioso
desmoronaría la eternidad
tal como esta ciudad bajo sus gritos sísmicos
su clamor de autobuses y amenazas urbanas
donde surgen rosas para una fecha anónima
mientras se arropan en vapores sucios
los sentimientos crudos y hermosos
La rosa del corazón se descompone en mustia
desarmonía
cuando el leve rocío de la verdad no llega
puedes decirle lágrima, puedes llamarlo arroyo
pero desollarte como un demonio asustado
es un estado de gracia común y corriente
que casi nadie alcanza

Eliminare un giorno, anche non glorioso
farebbe crollare l'eternità
proprio come questa città sotto le sue urla sismiche
il suo clamore di autobus e minacce urbane
dove le rose nascono in una data anonima,
mentre si avvolgono nei fumi sporchi
le sensazioni crude e belle
La rosa del cuore si decompone in appassita
disarmonia
quando la leggera rugiada della verità non arriva
puoi chiamarla lacrima, puoi chiamarla ruscello
intanto scuoiarti come un demone spaventato
è uno stato di grazia comune e consueto che quasi
nessuno raggiunge

*MAS QUE LA TELA*

Quisiéramos tener un lugar nuestro
que la piel reaccione a su luz como acariciada
que el aire contenga los primeros respiros
el canto alado: gallos de madrugada, pájaros
encandilados,
mujeres en el desespero intercostal de un arrullo
una música creada para ocultar nuestra sordera

Ignoramos la historia de cómo hemos llegado
vencedores de tal y cual guerra, creadores de tal y cual
máquina
no poseemos más cuerpo que la nostalgia,
el lugar propio jamás ha sido creado

Siempre recordaremos los brazos de los muebles
los rostros compartidos, parecidos,
y de repente nos tragó aquel limbo
somos el limbo que nos encapsula

Haciendo más bulla que una sonaja,
irrumpieron hacia el universo del florero,
el mantel bordado, la platera cuajada de brillos y
figuras
¿Por qué estás retratando lo perdido?
nadie verá desde el punto de vista familiar
toda esta incontrolable caída.

*PIU' CHE LA TELA*


Vorremmo avere un luogo nostro
dove la pelle reagisce alla sua luce come a una carezza
dove l'aria trattiene i primi respiri
il canto alato: galli all'alba, uccelli abbaglianti,
donne nella disperazione intercostale di una ninna
nanna
una musica creata per nascondere la nostra sordità

Ignoriamo la storia di come ci siamo arrivati
vincitori di questa o quella guerra, creatori di questa o
quella macchina
non abbiamo altro corpo che la nostalgia,
il posto giusto non è mai stato creato

Ricorderemo sempre i braccioli dei mobili
i volti condivisi e similari,
e all'improvviso quel limbo che ci inghiottì
siamo il limbo che ci intrappola

Facendo più rumore di un sonaglio,
irruppero nell'universo del porta fiori,
la tovaglia ricamata, il piatto d'argento pieno di
brillantini e figure
Perché stai raffigurando ciò che è perduto?
nessuno vedrà dal punto di vista familiare
tutta questa caduta incontrollabile

Será que encuentras fascinante el acontecer de la
impotencia.

Si hubiera sol como en otras partes
sacar la ropa bordearía lo agradable
sábanas susurrando fragancias en la cara
las margaritas de sus manos se deshojan
por desamor del Ártico
y ondean sobre la calle mis camisas
fundas de pesadillas y de sueños
banderas anunciando nuestros limbos
somos una goleta de trapos impetuosos
abandonando territorios
por pura vocación de gente sin planeta
nuestra patria a veces es una blusa seca
o una extraña risotada
que el viento no se equivoque con nosotros:
el limbo es una lucha

Lo que vayas a hacer: filosofía o deportes
nadar, emborracharte,
hazlo inusitadamente, de una vez.

Sarà che trovi affascinante l'accadere dell'impotenza.

Se ci fosse il sole come altrove
togliere i vestiti incornicerebbe il bello
lenzuola che sussurrano fragranze in faccia
le margherite tra le sue mani perdono le foglie
dal crepacuore per l'Artico
e le mie camicie sventolano per la strada
federe d'incubi e di sogni
bandiere che annunciano le nostre membra
siamo una goletta di stracci impetuosi
che abbandonano territori
per la pura vocazione di gente senza pianeta
la nostra patria a volte è una camicetta asciutta
o una strana risata
che il vento non si sbagli con noi:
il limbo è una lotta

Qualsiasi cosa tu abbia intenzione di fare: filosofia o
sport
nuotare, ubriacarti,
fallo eccezionalmente, subito.

*AQUI ENTRE NOS*


Tenía un beso guardado desde 1975
te lo quise entregar en la cocina
y se deshizo en el aire como algo egipcio
al saber lo ocurrido me dijiste
"déjalo que se pierda"

El día que amanecí recordándolo todo
me alegré con un sueño del año antepasado
que había olvidado en un instante griego

-morir flechado sin conocer a Helena-
quise contarlo porque estuviste en sus entrañas

pero un hollín nubló mi cielo pensador
y un tanto maternal me aconsejaste
"déjalo que se pierda"

las islas del pensar visito en nuestro cuarto
el cuarto es un océano
donde algo de Jonás se está moviendo

ahora no me atrevo a revelar
la enormidad de amor
que he estado descubriendo

*QUI TRA NOI*


Avevo un bacio nascosto dal 1975
volevo dartelo in cucina
e si sciolse nell'aria come qualcosa di egiziano
quando hai saputo quello che era successo mi hai
detto
"Lascia che si perda"


Il giorno in cui mi sono svegliato ricordando il tutto
ero felice come in un sogno di due anni fa
che avevo dimenticato in un istante greco


-morire affascinato senza conoscere Helena-
volevo raccontarlo perché eri nelle sue viscere


ma una fuliggine ha offuscato il mio cielo pensante
e un po' materna mi hai consigliato
"Lascia che si perda"


le isole del pensiero hanno visitato la nostra stanza
la stanza è un oceano
dove qualcosa di Giona si sta muovendo


ora non oso rivelare
l'enormità dell'amore
che ho scoperto

*SIN RECETA*


Concedemos y negamos el numen fascinante
prohibido,
de las procesiones nocturnas
la gente de la noche y la gente del día
solo coincidirán en sala de emergencias
si te conviertes en tierra te mueres
si te conviertes en esquina te mueres
si eres limaduras de hierro ante el imán de una
sonrisa
tu carne será arrancada del barco como un pañuelo

La armonía oscura y triste
de la paloma que canta emparedada
sé lo que significa el síndrome de padecer ternura
el alma suena así

miles de pies apresurados y gargantas clamando
en esta conciencia de ciudad
esas lágrimas que nunca fluirán
escarban cauces hacia el puesto vacío.
Esa gruta de tardes donde estuvo adscrito aquello que
se fue
así suenan las almas

Absorción del código,
la ley natural de que no dirijas tus pasos hacia el
colmo

*SENZA RICETTA*

Concediamo e neghiamo l'affascinante numen proibito,
delle processioni notturne
la gente della notte e la gente del giorno
coincideranno solo al pronto soccorso
se diventi terra muori
se ti giri in un angolo muori
se sei limatura di ferro davanti alla calamita di un sorriso
la tua carne sarà strappata dalla nave come un fazzoletto

L'armonia oscura e triste
della colomba che canta schiacciata
so cosa significa la sindrome da tenerezza
l'anima suona così

migliaia di piedi impetuosi e gole che urlano
in questa coscienza cittadina
quelle lacrime che non scorreranno mai
scavano canali fino al posto vuoto.
Quella grotta dei pomeriggi dove veniva registrato
quello che se n'è andato
ecco: come suonano le anime

Assorbimento del codice,
la legge naturale che non dirigi i tuoi passi verso la cima

y nunca ofendas a las hadas
desajustan la diálisis del orbe, desenvainan tumores
y es peor si te aman

la transpiración pecaminosa y la irrigación de la
frescura
son obras de ese asunto
y lo más recomendable es apresurar el amanecer
sin más procedimientos que el de expandir los ojos
como un licor balcánico que vimos
con ciruelas adentro

Michel de Montaigne decía y repetía que el hombre es
insensato
Él, tú, nosotros y todos los demás
La masa, el individuo, los del templo, ignoramos cómo
hacer un insecto
y sin embargo fabricamos dioses,
ramilletes de dioses

Aquel fuego fresco, aquella sensación de nacimiento
un pastor envejece como gato sin amo
es posible lamer la pelambre estrellada cuando el
cansancio aturde

Sus pies dialogan con la calamidad
y agradece el rasguño de los yerbajos secos
el endeble no necesita apoyo
si comparte las penas de su prójimo

e non offendere mai le fate
disallineano la dialisi del globo, sfoderano i tumori
ed è peggio se ti amano

la traspirazione peccaminosa e l'irrigazione della
freschezza
sono opere di quella materia
e la cosa più consigliabile è affrettare l'alba
senz'altra procedura se non quella di espandere gli
occhi come quel liquore balcanico
che abbiamo visto con le prugne dentro

Michel de Montaigne ha detto e ripetuto che l'uomo è
insensato
lui, tu, noi e tutti gli altri
La massa, l'individuo, quelli del tempio, non sappiamo
come fare un insetto
eppure fabbrichiamo Dei
mazzi di Dei

Quel fuoco freddo, quella sensazione di nascita
un pastore invecchia come un gatto senza padrone
è possibile leccare la pelliccia stellata quando la
stanchezza stordisce

I suoi piedi dialogano con la calamità
ed è grato per il graffio delle erbacce secche
il debole non ha bisogno di sostegno
se condivide i dolori del suo prossimo

Es bien sabido que no hay sistemas místicos
para evitar las horas sin nociones
en cada avance es aplastado por las cosas inertes
tener ganas de cantar y no saberse una canción
destruir un horizonte
y soportar lascivas tentaciones recostadas
en las cocinas hembras
con las piernas abiertas como toda fritura

Infección y remedio es la esperanza
al acabarse el agua no visites el río abandonado
hay que fundar de nuevo los asombros
incinerar lo sucio y lavar lo sangrante
nacer en estos tiempos ha sido una agonía
trotar sin más oficios que la sobrevivencia
buscar la aguja de la medicina en un pajar
la desgracia vibrando con élitros de madre
un ronquido del alma
en el pasillo

È noto che non esistono sistemi mistici
per evitare le ore senza nozioni
e ogni avanzamento è schiacciato da cose inerti
aver voglia di cantare e non conoscere una canzone
distruggere un orizzonte
e sopportare le tentazioni lussuriose sdraiati
nelle cucine femminili
a gambe aperte come tutte le fritture

Infezione e rimedio sono la speranza
quando l'acqua si esaurisce, non visitare il fiume
abbandonato
devi ritrovare lo stupore
incenerire lo sporco e lavare l'emorragia
nascere in questi tempi è stata un'agonia
correre senza altri compiti se non la sopravvivenza
cercare l'ago della medicina in un pagliaio
la sfortuna che vibra con elitre di una madre
un russare dell'anima
nel corridoio

*EDIPO*


Si te ataca un belicoso guerrero viejo
cuando aún no te has conocido a ti mismo
capta bien su cara antes de matarlo

Si tienes que salvar a una ciudad
develando las metáforas de una esfinge
detalla minuciosamente
el rostro de la reina que te va a premiar

Antes de vaciar tus ojos de culpable adolorido
observa por última vez esas pupilas
solo tu madre ha estado más cerca que el espejo

*EDIPO*


Se vieni attaccato da un vecchio guerriero bellicoso
quando ancora non hai conosciuto te stesso
memorizza bene la sua faccia prima di ucciderlo

Se devi salvare una città
svelando le metafore di una sfinge
dettaglia meticolosamente
il volto della regina che ti ricompenserà

Prima di svuotare tuoi occhi dalla colpa dolorante
guarda per l'ultima volta quelle pupille
solo tua madre ti è stata più vicina di uno specchio

## *EN LA SEMANA*

Y la gente escucha música o sufre una barbaridad
porque la carne escuece
porque en el asiento de al lado no hay nadie
porque es inusual que se palpen el alma y el espíritu
hay abismos tan felices, hay abismos tan ardorosos
la gente camina de repente hacia el abismo feliz
recién bañada y recién vestida y recién creída
porque se somete a las presiones de la única vez
la única vez que se va a vivir
la única vez que se va a respirar lo límpido completo
todo el argumento que está de acuerdo amor de
amores
el aire mentolado, el cuerpo de adorarse,
el triunfo, el magno cosmos más allá del vértigo frutal
el milagro verdadero esperado que en lo efímero anda
la única vez que se perdona
el amén del orgasmo
el amén de la calma
el amén de los monstruos ancestrales

La gente quiere comprarse algo
ahí en la semana, ahí en la caminata
calcetines o medias, unos zapatos, no el cielo, no
quimeras, una sortija

*IN SETTIMANA*


E la gente ascolta la musica o soffre una barbarie
perché la carne punge
perché nel sedile accanto al tuo non c'è nessuno
perché è insolito che anima e spirito vengano toccati
ci sono abissi così felici, ci sono abissi così ardenti
la gente cammina ad un tratto verso l'abisso felice
appena lavati, appena vestiti e creduloni
perché sottoposti alla pressione dell'unica volta
l'unica volta in cui vivranno
l'unica volta in cui respirerai il cristallino appieno
tutto l'argomento che concorda con l'amore degli
amori
l'aria di menta, il corpo da adorare,
il trionfo, il grande cosmo oltre la vertigine fruttata
l'atteso vero miracolo che cammina nell'effimero
l'unica volta che ti perdoni
l'amen dell'orgasmo
l'amen della calma
l'amen dei mostri ancestrali

La gente vuole comprare qualcosa
lì nel corso della settimana, lì nella passeggiata
calzini o calze, delle scarpe, non il paradiso, non le
chimere, un anello

en el censo de Dios salió una noche
el nombre de una estrella fugitiva que jamás fulguró
la gente cuando baila ese gusto prehistórico que ya no
halla pareja
marca pasos mentales piensa el ritmo ensaya
penitencias
se aturde y no hay escape
porque la carne escuece
y esa avalancha de tardes aplastándolo todo y mañana
de nuevo
tómalo así con música el embrujo
ella, por ejemplo, acaba de decir
que está sangrando normalmente

nel censimento di Dio uscì una notte
il nome di una stella cadente che non ha mai brillato
la gente quando balla con quel gusto preistorico ormai
non trova più con chi accompagnarsi
imposta passi mentali, pensa al ritmo, prova le
penitenze
è sbalordita e non c'è scampo
perché la carne punge
e quella valanga di pomeriggi che schiaccia tutto e
domani di nuovo
prendi la musica così con l'incantesimo
lei, per esempio, ha appena detto
che sta sanguinando normalmente

*LA BRUJA NEBLINA*

La neblina llama con su voz de bruja
hacia las cuevas púrpuras
nadie va a querer morir bajo las garras del rocío
es una trampa de hojas sin árboles
de algo que se come todo por debajo
la bruja adelante disfrazada de otoño
las nubes arropando un oculto beso envenenado
y nosotros sin saber lo que pensamos

No se ha dejado ninguna gloria
en lugares amados
si no hubiera pesar la bruma seria lógica
aquí no hay sol por donde se le mire
es un torpe disimulo cardinal
que la bruja se apunta como estratagema
lanzando patos tan verdes y tan tristes
a un aire lleno de agua

La bruja fuma y ríe en la montaña
embelleciendo carcajadas viejas
nadie saldrá en un día que no produce sombras
a un vacío peor que la soledad de la luna
el suelo se alumbrará cuando caiga nieve
pero las sombras seguirán escondidas
hasta que exista un lugar donde puedan moverse
al romperse el hechizo que nos convierte en piedras

*LA STREGA DELLA NEBBIA*

La nebbia chiama con la sua voce da strega
attira verso le grotte oscure
nessuno vorrà morire sotto le grinfie della rugiada
è una trappola per foglie senza alberi
di qualcosa che si mangia tutto dal basso
la strega va avanti travestita d'autunno
le nuvole nascondono il bacio avvelenato
e noi senza sapere che pensare

Non è rimasta nessuna gloria
nei luoghi amati
se non ci fosse il rimpianto, la foschia sarebbe logica
qui non c'è sole dove guardare
è un goffo puntino cardinale
che la strega prende di mira come uno stratagemma
lanciando uccelli così verdi e così tristi
nell'aria piena d'acqua

La strega fuma e ride sulla montagna
abbellita da vecchie risate
nessuno uscirà nel giorno che non getta un'ombra
un vuoto peggiore della solitudine della luna
il terreno si illuminerà quando nevicherà
ma le ombre rimarranno nascoste
fino a quando ci sarà un posto dove possano muoversi
rompendo l'incantesimo che ci trasforma in pietre

*PASAJEROS*

Se inclinaba rota por una tempestad
la tierra soltaba sus manos de jengibre
la visión de un tomate enrojeció la luz
en medio de la nada se imponía la calavera de la tarde
con sus cuencas de ceniza
nubes y ramas huesudas que espantaban el tren

el lecho seco de un río se dolía de sus piedras
aceitosas
y varias ovejas decían que no, decían que no
al ofrecimiento de unos pajonales grises como lobos
después aparecieron las cuerdas que no eran de
guitarra
y el sonido que no era de canción
de una vaca llorando en el alambre

El paisaje de vivir afuera se disolvía angustiado
en un morir de vientos como témpera
el leviatán que se los había tragado
no quería soltar a sus presas
nadie tenía suficiente dolor para llorar un instante
porque unos iban y otros venían con bocas sepultadas

*PASSEGGERI*

Si inchinava rotta da una tempesta
la terra lasciava andare le sue mani di zenzero
la visione di un pomodoro arrossò la luce
in mezzo al nulla s'imponeva il teschio del pomeriggio
con le sue orbite di cenere
nuvole e rami ossuti che spaventavano il treno

il letto asciutto di un fiume si doleva per le sue pietre
oleose
e diverse pecore dissero di no, dicevano di no
all'offerta di alcune praterie grigie come lupi
in seguito apparirono le corde che non erano di
chitarra
e un suono che non era una canzone
di una mucca che piangeva sul filo spinato

Il paesaggio del vivere fuori si dissolse nell'angoscia
in un morire di venti, come inchiostro versato,
il Leviatano che li aveva inghiottiti
non voleva liberare le sue prede
nessuno aveva abbastanza dolore da piangere per un
momento
perché alcuni sono andati e altri sono tornati con
bocca sepolta

*LAS PALABRAS QUE SABEMOS*

Hay una palabra para intimar con el paisaje
que jamás ha existido como un todo
se pronuncia con hastío longevo de alfombra de hotel
hasta que un graznido choque contra la ventana

Hay una palabra para zambullirse en el agua meritoria
que nadie ha puesto en una alberca
se imita una boca de pez haciendo promesas
y se aceptará que la natación es saludable para las
escamas

Hay una palabra que consigue el perdón para cada
pasado
sin tener que visitar iglesias doradas o sombrías
se murmura al ritmo del pulso y comienzan a
desangrarse las muñecas
en la bañera tan románticamente untada de moho

Hay una palabra para que el amor se desate
inmediatamente
y arrase con todo el andamiaje de quien la pronuncie
basta poner los labios en forma de sal de la salina
rajada
y se suda y se hiere y se derrite la casa y sobre las
heridas corre el agua

## *LE PAROLE CHE CONOSCIAMO*

C'è una parola per essere intimi con il paesaggio
che non è mai esistito nel suo complesso
si pronuncia con longeva fatica di moquette d'albergo
fino a quando un lamento urti contro la finestra.

C'è una parola per immergersi nelle acque meritorie
che nessuno ha messo in una piscina
si imita una bocca di pesce facendo promesse
e si accetterà che il nuoto fa bene alle scaglie

C'è una parola che ottiene il perdono per ogni passato
senza dover visitare chiese dorate o ombrose
sussurra al ritmo del polso e del suo sanguinare
nella vasca da bagno così romanticamente imbrattata
di muffa

C'è una parola perché l'amore si scateni
immediatamente
e spazzi via tutte le impalcature di chi la pronuncia
è sufficiente mettere le labbra a forma di sale della
salina squarciata
e si suda e si ferisce e la casa si scioglie
e l'acqua scorre sulle ferite

Hay una palabra que inutiliza las noches solitarias
se aprietan los dientes mordiendo el whisky para no
gritar
y en el terreno baldío de los caballitos y el algodón de
azúcar
se irán por la tangente del bostezo las estrellas de la
mañana

C'è una parola che rende inutili le notti solitarie
si stringono i denti mordendo il whisky per non urlare
e nel deserto del carosello e dello zucchero filato
se ne andranno sulla tangente dello sbadiglio
le stelle del mattino

*EL EXTRACTO*

Un anzuelo cae en lo profundo con la carnada de la
esperanza
las personas jalan el sedal pescándose a sí mismas
ese dolor se llama desespero.

La vida es un camino hacia el vacío
el vacío nunca está afuera
todo creyente reza en sentido contrario
quien se sumerge en la oración descubre la poesía

Los ángeles pueden ser humanos durante unos
minutos
se ignora si es un premio o un castigo

Y en ese minuto devoraba su primera mirada amorosa
y recorría el paisaje de unos labios
cuando todas las bocas olían a carrubio

Ninguna iglesia toca el verdadero cielo
porque el cielo es el hueco de la eternidad
y la eternidad es una ausencia

Una persona se zambulle en el pecho culposo de la
vecindad
y sufre quien observa
El Arcángel Miguel cumple su jornada en otra
dimensión
fugaces palomas lo atestiguan
no le está permitido bajar y descansar
el diablo es un trabajo

*L'ESTRATTO*


Un amo cade in profondità con l'esca della speranza
le persone tirano la lenza pescando sé stesse
quel dolore si chiama disperazione.


La vita è un percorso verso il vuoto
il vuoto non è mai fuori
ogni credente prega nella direzione opposta
chi si immerge nella preghiera scopre la poesia


Gli angeli possono diventare umani per pochi minuti
non è noto se sia una ricompensa o una punizione


E in quel momento divoravo  il suo primo sguardo
amorevole
e percorrevo il paesaggio delle  labbra
quando tutte le bocche odoravano di carrube


Nessuna chiesa tocca il vero cielo
perché il paradiso è il buco dell'eternità
e l'eternità è un'assenza


Una persona si batte il petto colpevole della vicinanza
e chi osserva soffre
L'Arcangelo Michele chiude la sua giornata in un'altra
dimensione
le colombe fugaci lo testimoniano
non è permesso scendere e riposarsi
il diavolo è un lavoro

*LEJOS DE CASA*

Un motel un espacio criminal una soledad
cero ángeles bajo la luz artificial
del deterioro amén
el agua sin hielo con insomnio la desesperanza
la oscura lápida sobre la carretera
quizá tarde un siglo el amanecer

insectos y demonios saltan
al pozo de los sueños
cama desconocida hedor de fiera
quién sabe cuántos kilómetros necesita la melancolía

*LONTANI DA CASA*


Un motel uno spazio criminale una solitudine
zero angeli sotto la luce artificiale
del deterioramento amen
l'acqua senza ghiaccio con l'insonnia della
disperazione
l'oscura lapide sulla strada
chissà l'alba potrebbe farsi attendere un secolo

insetti e demoni saltano
al pozzo dei sogni
letto sconosciuto puzza di bestia
chissà di quanti chilometri ha bisogno la malinconia

*EN EL VERANO*


La invisible tormenta que las flores esparcen
aderezа el llanto de las crías
miles de seres celestiales se alejan en la línea de humo
lo ha observado cuando el celaje de la ardilla
agita el verde abanico
podría besarla si ella estuviera contenta
escuchando el burbujeo de la cerveza
pero da igual que se desahoguen
las ruedas de la bicicleta
sobre la grama donde sus labios tiemblan

*IN ESTATE*

La tempesta invisibile che i fiori diffondono
ravviva il pianto dei pargoli
migliaia di esseri celesti si allontanano nella linea di
fumo
l'ha guardato quando il presagio dello scoiattolo
scuoteva il suo ventaglio verde
potrei baciarla se lei fosse felice
ascoltando il gorgoglio della birra
ma non importa che si sfoggino
le ruote della bicicletta
sull'erba dove le sue labbra tremano

## DOS EN UN PAISAJE

Las orquídeas me estaban quemando el pecho
con ese rosado madreperla
el cauce polvoriento de bajar la montaña
hacía trastabillar tanta carga de luz
el espíritu de la vainilla alojado en tu cuello
se dispersaba con la brisa
todo para mi
¡Ah! La fragancia del dolor

*DUE IN UN PAESAGGIO*


Le orchidee mi stavano bruciando il petto
con quella madreperla rosa
il polveroso letto del fiume che scende dalla montagna
faceva inciampare tanto carico di luce
lo spirito della vaniglia annidato sul tuo collo
si disperdeva con la brezza,
tutto per me
Ah! La fragranza del dolore

*EL UNO Y EL OTRO*

Con su lengua de seda y telaraña
Dios procede a soñar

Con su lengua de brisa que penetra
el abismo de una corola
Dios prueba la poesía

Con su lengua de pez a punto de ser tragado
Dios habita en las palabras del poeta

Con su niñez entre pecho y espalda
el poeta compone un oído para escuchar
los pasos de la luz

La espera del destino
es una flor de sal en el desierto
y Dios saca su lengua de sombra de camello
Bajo el peso de tantas veces
que pasó la luna
el poeta sufre un ala rota

Dios jamás ha usado sus pies para correr
los poetas no pueden huir a ras de ejidos
aunque vayan dejando
un alpiste de amores por la senda

*L'UNO E L'ALTRO*

Con la sua lingua di seta e ragnatela
Dio procede a sognare

Con la sua lingua di brezza che penetra
l'abisso di una corolla
Dio prova la poesia

Con la sua lingua di pesce che sta per essere
inghiottito
Dio dimora nelle parole del poeta

Con la sua infanzia tra petto e schiena
il poeta compone l'udito per ascoltare
i passi della luce

L'attesa del destino
è la rosa del deserto
e Dio tira fuori la lingua d'ombra di cammello
Sotto il peso di tante volte
in cui è passata la luna
il poeta soffre un'ala spezzata

Dio non ha mai usato i suoi piedi per correre
i poeti non possono scappare all'ultimo
dai loro campi
anche se lasciassero
un becchime d'amore sul sentiero

El poeta le asigna un verso a los ángeles
y establece la soledad
los ángeles sólo se posan
en el centro mismo del amor.

El poeta con su voz de sueño anegado
tendrá que cantar
Dios le ha dado el dolor
para que sufra en las alturas

Con sus ojos de poeta enfermo
Dios mira la alegría y se alegra

Il poeta consegna un verso agli angeli
e stabilisce la solitudine
gli angeli si appollaiano
nel vero centro dell'amore.

Il poeta con la sua voce di sogno affogato
dovrà cantare
Dio gli ha dato il dolore
in modo che soffra nell'altitudine

Con i suoi occhi da poeta malato
Dio guarda la gioia e si rallegra

*MI GATO SUYO*

Quién sabe cuántos siglos es un gato
de dónde habrá traído sus pasos indudables
se intuye que su alma es extranjera
y entiende todo pero no responde

El gato tiene uñas de rosal
y ojos de sortija
hiere con ternura
y acaricia con desdén

Mi gato es el mismo gato
de tu casa
y asusta los metros cuadrados del vacío
con su cuerpo invisible

De un salto sube
al tope de los libros
y se queda mirando
la blancura del muro

no hay un insecto, no hay una ventana
pero el cuerpo felino está cazando
sus propios pensamientos
en el mediterráneo que hay en toda pared

*IL MIO GATTO SUO*

Chissà quanti secoli ha un gatto
da dove saranno venuti i suoi passi indubbi
s'intuisce che la sua anima è straniera
e capisce tutto ma non risponde

Il gatto ha unghie di rosa
e occhi ad anello
ferisce con tenerezza
e accarezza con disprezzo

Il mio gatto è lo stesso gatto
di casa tua
e spaventa i metri quadrati del vuoto
con il suo corpo invisibile

Con un salto sale
in cima ai libri
e rimane a guardare
il candore del muro

non ci sono insetti, non ci sono finestre
ma il corpo felino sta cacciando
i suoi stessi pensieri
nel mediterraneo che è in ogni parete

hace un lomo de seda
de anhelo faraónico
se inmoviliza tanto que un día cae
blanco negro amarillo
y es de cerámica

La puerta que hay en los ojos del gato
debe conducir al pozo original
que mitigó su primera sed
mi gato fue tigre, leopardo y pantera.
Su lengua es tan rápida
que cuando entra al agua ya ha salido

la schiena si fa di seta
per il desiderio faraonico
si immobilizza così tanto che un giorno cade
bianco nero giallo
ed è di ceramica

La porta negli occhi del gatto
deve portare al pozzo originale
che placò la sua prima sete
il mio gatto era una tigre, un leopardo e una pantera.
La sua lingua è così veloce
che quando entra in acqua è già uscita

## RECUERDOS DEL PADRINO

La pasión sin amor te puede alquitarar
antes que yo te diga lo siniestro
sientes su peso de alacrán
su peso volador de miedo largo

Si, el muchacho se fue, dijo mamá
cuando quedaba incólume uno de mis padrinos
creo que el Santo Sepulcro se balanceó en sus
hombros

Se oxidaban los años en el rubor de su decencia      .
su sonrisa insegura lo abrumaba como si fuera mudo
ahora comprendo sus temores
mi padrino miraba como viento de aguacero
con cuerpo de empalizada de cardones
el espacio nublado de un domo atormentado sin
tormentas

Fue el único señor entristecido de todo el municipio
en sus ojos el mundo se arrumaba
el sol se desconchaba en el aire de peltre
golpeado de espejismos
su comadre y él se desvanecían
la infección de la esperanza era aniquiladora
adiós árabes apacibles reparadores de zapatos,
adiós señorita nacida con el aura
de atraer a las almas que se enamoraban solas

*MEMORIE DEL PADRINO*


La passione senza amore può trattenerti
prima che io ti dica il sinistro
senti il suo peso da scorpione
suo peso volante di lunghe paure

Sì, il ragazzo se n'è andato, ha detto la mamma
quando uno dei miei padrini è rimasto illeso
penso che il Santo Sepolcro si dondolasse sulle sue
spalle

Si ossidavano gli anni nel rossore della sua decenza
il suo sorriso insicuro lo sopraffaceva come fosse
muto
ora capisco i suoi timori
il mio padrino guardava come vento da acquazzone
con un corpo da palizzata di euforbia
lo spazio nebuloso di una cupola tormentata senza
tempeste

Era l'unico uomo rattristato dell'intero municipio
ai suoi occhi il mondo si stava sgretolando
il sole si stava staccando nell'aria di peltro
battuto dai miraggi
lui e la sua comare stavano svanendo
l'infezione della speranza era annichilente
addio gentili calzolai arabi,
addio signorina nata con l'aura
capace d'attirare anime che si innamorano da sole

Mi padrino sabía que se iban a esfumar los platanales
las guindas, los ocumos
la honradez y el beso triglicérido de las frituras
hondas
adivinada extremaunción de algarrobos y nísperos
mi padrino, lo quiero y no lo vi más, ni cuando estuvo
muerto
un domingo se sintió fuera de lugar montando
bicicleta
porque él y su esqueleto completaban la forma del
centauro
el caballo de buscar partera,
el ritmo del galope que adornaba caminos
mi padrino soltero, bien peinado, impecable.

Un día volveré confitado a este lugar sin órbita

-dije insistiendo en destemplados hilos-
y me quedé olvidando el lugar con marcada
insistencia

borré los relumbrones de mi cuarto, la tibieza del
lecho
espanté los azulejos
y quise no querer las estoicas crinejas
olvidé las bodegas que vendían querosén
y lo más importante: fui un recuerdo insepulto
Mamá se quedaba sentada en el portal
escrutando sus matas y saludando al prójimo

Il mio padrino sapeva che i banani sarebbero
scomparsi
ciliegie, tuberi
l'onestà e il bacio dei trigliceridi della frittura
era azzeccata l'estrema unzione delle carrube e dei
nespoli
il mio padrino, lo amo ma non l'ho più rivisto,
nemmeno quando era morto
quella domenica si sentì fuori posto in sella a una
bicicletta
perché lui e il suo scheletro completavano la forma del
centauro
il cavallo per cercare l'ostetrica,
il ritmo del galoppo che ornava le strade
il mio padrino scapolo ben curato, impeccabile.

Un giorno tornerò candito in questo luogo senza
orbita

- ho detto insistendo su fili instabili -
e continuavo a dimenticare il luogo con marcata
insistenza

Ho cancellato i bagliori della mia stanza, il tepore del
letto
spaventato le piastrelle
e ho voluto non desiderare le criniere stoiche
ho dimenticato le cantine che vendevano cherosene
e, più importante: ero un ricordo insepolto
Mia mamma era rimasta seduta sulla soglia,
scrutando i suoi cespugli e salutando i vicini

cuando nos juntábamos mi hermano y yo
y toda la familia con sus varones enardecidos
y sus hembras mágicas y prácticas

La ternura materna que amamanta fluía sustituida
los nuevos pájaros del patio eran las cervezas
destapadas
a ella no le divertían esos festejos
pero vernos juntos le alegraba las horas

Ella entendía el fragor de los recuerdos repetidos
de cuando éramos adolescentes
héroes de arroyos y pozos encantados
pero nuestras historias y las suyas eran agua y aceite
nada se parecía
a los pocos momentos de amor que habrá guardado
y menos cuando eructábamos cervezas
que cada año eran peores

En esa antigüedad que fue vivir
me gustaba el olor de los caballos
y su nobleza indestructible
eso me llevó a la feligresía de los hipódromos
los palafreneros modernos,

-algo que perfeccionan sin afanes de gloria-
entran en la gatera con el caballo y el jinete
su trabajo consiste en sostener la intranquila cabeza
para que el solípedo parta rectamente

quando io e mio fratello ci incontravamo
e l'intera famiglia con i suoi uomini ardenti
e le sue femmine magiche e pratiche

La tenerezza materna che allatta scorreva sostituita
i nuovi ospiti nel cortile erano le birre stappate
non le piacevano quei festeggiamenti
ma vederci insieme le rallegrava le ore

Capiva il frastuono dei ricordi ripetuti
di quando eravamo adolescenti
eroi di ruscelli e pozzi incantati
ma le nostre storie e le sue erano olio e acqua
niente somigliava
ai pochi momenti d'amore che aveva custodito
e meno che mai quando ruttavamo birre
ogni anno erano peggiori

In quell'antichità in cui andai a vivere
mi piaceva l'odore dei cavalli
e la loro nobiltà indistruttibile
mi ha portato nella parrocchia degli ippodromi
dei palafrenieri moderni,

- qualcosa che perfezionano senza affanni di gloria -
entrano nella gattaiola con il cavallo e il fantino
il suo compito è sostenere la testa inquieta
in modo che il solipede parta dritto

Los caballos son felices horadando el vacío
no sé si agradecen esa clase de ayuda
cierta tarde del sábado, en la plaza Miranda,
después que le pedí su bendición
mi padrino me dijo:
uno siempre está yéndose

I cavalli sono felici di perforare il vuoto
non so se apprezzano quel tipo di aiuto,
un sabato pomeriggio, in Piazza Miranda,
dopo che ho chiesto la sua benedizione
il mio padrino mi ha detto:
si è sempre in partenza

*ESTO BELLO ARBITRARIO*

¿Te has desnudado al fin
para bañarte en desilusión?
¿lloras para después?
¿estás lamentando tiranías?
lo mediocre es un crimen heredado
lo primoroso no es un objetivo
y lo apocalíptico tampoco
esto bello arbitrario no es de nadie
más allá de sus órganos sexuales afinados
solo deben ser justos hasta morir en ello

No tengo por qué abogar predestinado
pero cuando mamá dijo hágase el muchacho
había un patio y tenía de todo
el oro sumiso en el cuello y los dedos
la garganta llena de canciones repetidas
Dios solo se entrometía asustando la masturbación
no es que ahora sea peor, es que antes no
fabricábamos asesinos

Puedo sentir la grandeza tienes que sentirla
viendo esos puentes que solo son instantes colgados
de sí mismos
esos aviones que nos han llevado por los cielos a
conocer una esquina
esas catedrales que ya no alivian
hermosas en su errabunda inmovilidad

*QUESTA BELLA CASUALITA'*

Ti sei finalmente spogliato
per bagnarti nella delusione?
Piangi, e dopo?
ti stai pentendo delle tirannie?
Essere mediocre è un crimine ereditato
essere squisiti non è un obiettivo
e nemmeno essere apocalittico
questa bellezza arbitraria non appartiene a nessuno
oltre i suoi organi sessuali accordati
dovrebbero essere giusti solo fino a quando non
moriranno

Non devo difendere il predestinato
ma quando mamma ha detto fatti uomo
c'era un cortile e aveva tutto
l'oro sottomesso sul collo e sulle dita
la gola piena di canti ripetuti
Dio si intrometteva spaventando la masturbazione
non è che ora sia peggio, è che prima non
fabbricavamo assassini

Posso sentire la grandezza, devi provarla
vedere quei ponti che sono solo attimi appesi a sé
stessi
quegli aerei che ci hanno portato nei cieli per vedere
un angolo
quelle cattedrali che non alleviano
bellissime nella loro vagabonda immobilità

¿qué estás haciendo?
¿estás penando sin sentido?
el mundo lleno de cuerpos y señales, de espíritus
cansones
es tu mercado, entra y acude, busca los besos que te
corresponden
y los que debes dar
Debería poder lanzarme como un buitre, deberías
actuar como los malditos
que rasgan virginidades totémicas para insultar olores
y sabores
deberíamos acontecer el cosmos

¿Cómo se llama la mujer de Dios?
¿Como se llama la mujer que él ama?
tiene que haber sido mi mamá, tiene que haber sido tu
mamá
¿y si Dios es mujer?
Peinémonos
y rebajemos el exceso de peso de maldad

Es imposible hacer el mundo en seis días y descansar
el séptimo
porque faltarían tejas, no existiría el mínimo necesario
de una abuela
pero puedes destruirlo en ese día de descanso
han destruido mucho ya
ni siquiera quedan mecanógrafas

Cosa stai facendo ?
stai soffrendo insensatamente?
il mondo è pieno di corpi e segnali, di spiriti stanchi
è il tuo mercato, entra e vai, cerca i baci che ti
corrispondono
e quello che devi dare
Dovrei potermi lanciarmi come un avvoltoio, dovresti
comportarti come i disgraziati
che strappano verginità totemiche per insultare odori
e sapori
dovremmo fare accadere il cosmo

Qual è il nome della donna di Dio?
Qual è il nome della donna che ama?
deve essere stata mia madre, deve essere stata tua
madre
E se Dio fosse una donna?
Pettiniamoci
e riduciamo il peso in eccesso del male

È impossibile creare il mondo in sei giorni e riposare
nel settimo
poiché mancherebbero le tegole, non ci sarebbe il
minimo necessario per una nonna
ma puoi distruggerlo in quel giorno di riposo
hanno già distrutto molto
non sono rimaste nemmeno le dattilografe

# EL HUMO QUE NO SE VA

El humo que sube como si hubiesen cremado mis
sueños
y una voz afirmara que abajo hay escombros

El humo que volaba cuando mi madre miraba la
candela
esa es la resonancia del aroma

el humo de la aurora quemándose
el cerro agazapado como un oso hormiguero
llorando conmigo el olvido sideral

Solo me emocionaba la belleza normal
mariposas azules rehaciendo la montaña
cuando beben neblina en las rocas del viento

ya no subo sus cuestas,
tampoco escucho ese sufrir de montes
toda la cordillera se tornaba gris
como las noches de mi computadora

Tal vez nada de esto te interese
por haber vivido otras realidades
tus canciones preferidas y las mías pueden ser
diferentes
que valga mi intención como un dingolondango

*IL FUMO CHE NON SE NE VA*

Il fumo che sale come se i miei sogni fossero stati
cremati
e una voce affermerebbe che sotto ci sono macerie

Il fumo che volava quando mia madre guardava la
candela
quella è la risonanza dell'aroma

il fumo dell'alba che brucia
la collina accovacciata come un formichiere
piangendo con me l'oblio siderale

Ero eccitato solo dalla normale bellezza
farfalle blu che rifanno la montagna
quando bevono nebbia sulle rocce del vento

non salgo più i suoi pendii,
non ascolto nemmeno quella sofferenza dei monti
l'intera catena montuosa stava diventando grigia
come le notti del mio computer

Forse niente di tutto questo ti interessa
per aver vissuto altre realtà
le tue canzoni preferite e le mie potrebbero essere
diverse
che valga la mia intenzione d'essere un tenerone

ojalá que no extrañes ese humo
dibujado con acceso de arácnidos por los nerviosos
cigarrillos
y mucho menos el vapor de marismas que corría por
las calles
cual fantasma de crímenes y enamoramientos
en el crepúsculo orinado del distrito capital

no pienses en el oscuro cuarto con el sahumerio de
sándalo emboscado
porque era pura falsedad
nosotros fuimos los verdaderos soñadores destinados
a disolverse
en el fervor de disolvernos

spero che non ti manchi quel fumo
disegnato con il passaggio di aracnidi da sigarette
nervose
tanto meno il vapore di palude che scorreva per le
strade
quale fantasma di crimini e storie d'amore
nel crepuscolo urinato della capitale

non pensare alla stanza buia con l'incenso al legno di
sandalo imboscato
perché era pura falsità
noi eravamo i veri sognatori destinati a dissolversi
nel fervore di dissolverci

# TODOS LLORAMOS EN LA FOGOSA PRIMAVERA

Después de temblar
rasguñando la cueva de las súplicas
y sus estacas de hielo
es bueno que enciendan la caldera de los días
con sus resplandores de topacio
y dejen que el viento se ocupe
de saludar y agasajar a las pequeñas flores
Siempre gustarán la playa y las peleas
en el coso poético de la primavera
broncearse o morir: ella insistía en que su corazón
escogiera
La rabia del frio te despelleja
a mucha gente le gusta pelear contra el sistema
los sistemas no escuchan,
finanzas, matemáticas, credos, ideologías
Hundiré mi espada en tu belleza
antes que llegue junio
murmuró el sol de abril
En el mayo francés murieron dos obreros:
Bernard Beylot y Henri Blanchet
En el mayo francés pereció un estudiante: Gilles
Tautin
Lanzaron bombas de cloro
hacia la piscina del cielo que estuvo por caer en un
desmayo
Solo tres muertos y un costal de heridos,
pero el famoso mayo llenó el mundo de frases
que se siguen usando para matar el tiempo

## ABBIAMO TUTTI PIANTO IN QUELLA FEROCE PRIMAVERA

Dopo aver tremato
graffiando la grotta di suppliche
e le loro stalattiti di ghiaccio
è bene accendere il serbatoio
dei giorni riflessi di topazio
e lasciare che il vento si occupi di
salutare e intrattenere i piccoli fiori
Sempre piaceranno la spiaggia e le lotte
nell'arena poetica della primavera,
abbronzati o muori: lei s'intestardiva perché il suo
cuore scegliesse
La rabbia del freddo ti spella
molte persone amano combattere contro il sistema
i sistemi non ascoltano,
finanze, matematica, credo, ideologie
Affonderò la mia spada nella tua bellezza
prima che arrivi giugno
mormorò il sole di aprile
Nel maggio francese due lavoratori morirono:
Bernard Beylot e Henri Blanchet
Nel maggio francese uno studente morì: Gilles Tautin

Hanno lanciato bombe di cloro
verso la vasca del cielo
che stava per svenire
Solo tre morti e un sacco di feriti,
ma il famoso maggio riempì il mondo di frasi
che sono ancora usate per ammazzare il tempo

¿cuántos aburrimientos han muerto hasta la fecha?

Los muertos de Tlatelolco
después que contaban miles
sumaron cuarenta y cuatro
treinta y cuatro con carnet
y diez que nadie conoce
tranquilo güey ya sabrán
Hubo tantos testigos observando el desangre
las astillas de huesos clavándose en el barro
¿Qué se hicieron los muertos, manito, qué se hicieron?
¿Quiénes retornaron a sus casas
y quienes no tocaron más la puerta?
ocurrió en la Plaza de las Tres Culturas
en 1968, segundo día de octubre por la tarde
¿Cuántos cuerpos se volvieron polvo en esa reunión?
Cuando las horas desaparecieron
todo reloj se convirtió en espanto
En Tiananmen hubo quinientos muertos
eso ocurrió en Pekín comenzando junio
en la primavera de 1989
los obreros que participaron en la protesta
fueron ejecutados y algunos estudiantes también

quanti sono morti di noia fino ad oggi?

I morti di Tlatelolco
dopo averne contati migliaia
ne aggiunsero quarantaquattro
trentaquattro con un documento
e dieci che nessuno conosce
tranquillo Güey già lo sapranno
C'erano così tanti testimoni a guardare il bagno di
sangue
le schegge di ossa che scavano nel fango
che cosa hanno fatto dei morti, fratello, cosa hanno
fatto?
Chi è tornato alla propria casa
e chi non ha più bussato alla porta?
È successo nella Piazza delle Tre Culture
nel 1968, secondo giorno di ottobre nel pomeriggio
Quanti corpi sono diventati polvere in quell'incontro?
Quando le ore sono scomparse
e l'orologio divenne spavento
A Tiananmen ci sono stati cinquecento morti
avvenuti a Pechino a partire da giugno,
nella primavera del 1989,
gli operai che hanno partecipato alla protesta
sono stati giustiziati e anche alcuni studenti

se salvaron los hijos del poder
menos el que se paró sin decir nada
frente a los tanques de morboso estruendo
ese fue fusilado por ser tan evidente

Desde 1948 hasta la fecha
han muerto en su guerra poco santa
más de cincuenta mil israelíes y palestinos,
con mayoría de árabes en el sepulcro
En 1947 las Naciones Unidas
con la resolución 181
otorgaron espacio al perseguido pueblo de Israel
y desde entonces han estado matándose ambas tribus
Lo que no pudo hacer ningún demonio con el 666

Entre el 1999 y el 2015, dieciséis años apenas,
Venezuela quintuplicó los muertos
Chinos, judíos, palestinos, franceses, mexicanos
y en el 2017 anotamos 26.616 asesinatos
ese mismo año entre abril y julio
las fuerzas armadas militares y civiles
causaron ciento veinte muertes
entre los jóvenes que gritaban
"queremos vida"

Diré sinceramente que aquello me dolió
con mucho desafuero varios meses después
una bala pasó destrozando la frase
de una franela azul

si sono salvati i figli del potere
tranne quello che si è fermato senza dire nulla
di fronte ai carri armati dal morboso schiamazzo
quello è stato giustiziato per essere così ovvio

Dal 1948 ad oggi
sono morti nella loro guerra poco santa
più di cinquantamila israeliani e palestinesi,
con la maggior parte degli arabi nella tomba
Nel 1947 le Nazioni Unite
con la risoluzione 181
hanno concesso il territorio al popolo perseguitato di
Israele
e da allora entrambe le tribù si sono uccise a vicenda
Quello che nessun demone ha potuto fare con il 666

Tra il 1999 e il 2015, appena sedici anni,
Il Venezuela ha quintuplicato i morti
Cinesi, ebrei, palestinesi, francesi, messicani
e nel 2017 abbiamo segnato 26.616 omicidi
quello stesso anno tra aprile e luglio
le forze armate militari e civili
hanno causato centoventi morti
tra i giovani che urlavano
"Vogliamo la vita"

Dirò onestamente che mi ha fatto male
con molta indignazione diversi mesi dopo
un proiettile è passato distruggendo la frase
di una maglietta blu

La multitud gritaba ante el ataque militar
humo encebollado, sangre y vómitos
aquella masacre representó el sacrificio absurdo
de vivir o morir ante los trajes verdes
y sus armaduras de la guerra de las galaxias

Perdigones en los párpados, en los ojos, en el pecho,
perdigones
no pichones
de perdices
ni perdidos
Granos de plomo en los muslos en el cuero cabelludo
así encontré a una muchacha que estudiaba medicina
se veía delicada y tan delgada
parecía una adolescente bondadosa
quería manifestar en contra de la violencia
lo dijo como quien pide helado de chocolate
habló de su descontento, de niños muriendo de
hambre
¿cómo podía ser igual su bendito descontento
al de las demás mujeres que no tenían ni jabón?

Su descontento de niña propietaria de la luz
me hirió posteriormente
porque conocí a su madre abrazada de su padre
y me preguntaban tanto sobre lo que había ocurrido
que lo describí incompleto
porque el horror tiene muchas caras

gente que saltaba al río nuestra torrentosa cloaca
gente que retrocedía aplastándose y gritando

La folla gridava durante l'attacco militare
fumogeni, sangue e vomito
quel massacro rappresentava l'assurdo sacrificio
vivere o morire di fronte alle divise verdi
e i loro armamenti da guerra delle galassie
Piombo sulle palpebre, sugli occhi, sul petto,
pallottole
non piccioni
né uccelli
né palline
Proiettili di piombo sulle cosce e sul cuoio capelluto
così ho trovato una ragazza studentessa di medicina
sembrava così delicata e sottile
sembrava un'adolescente gentile
voleva manifestare contro la violenza
lo diceva come qualcuno che chiede un gelato al
cioccolato parlava del suo scontento, dei bambini che
muoiono di fame
come poteva il suo benedetto scontento essere lo
stesso delle altre donne che non avevano nemmeno il
sapone?
La sua amarezza come quella di una bambina che
possiede una luce
mi ha fatto male più tardi
perché ho incontrato sua madre abbracciata a suo
padre e mi hanno chiesto troppo su quello che era
successo
gli ho raccontato il fatto incompleto
perché l'orrore ha molte facce


Persone che sono saltate dentro al torrente la nostra
fogna
gente che si ritraeva schiacciandosi e urlando

el humo envolviendo, ahogando,
perdigones y balazos
no perdices, no baladas
la sostuve en el espacio cuando la noté cayendo
Y me asustó tanto ver
que una bala reventaba
en su frente el alabastro
el pensamiento insumiso estrellado arremetido
y otra bala enrojecía
la frase color naranja que llevaba en su camisa
y entonces aquel mensaje se me grabó para siempre:
"Salvemos a las abejas"

il fumo che avvolgeva, annegava,
pallottole e proiettili
non palline, niente ballate
l'ho trattenuta nello spazio quando l'ho vista cadere
E mi ha spaventato così tanto vedere
che un proiettile era esploso
sulla sua fronte d'alabastro
che il pensiero insubordinato andò in frantumi
e un altro proiettile picchiava
la frase color arancione che indossava sulla sua
maglietta
e poi quel messaggio mi è rimasto impresso per
sempre:
"Salviamo le api"

*CADA CIUDAD DICE QUE SI, GRITA QUE NO*

Pasamos al lado de distintas épocas
con sus bailes de piedra
el magnífico vértigo
de la materia en su proceso
ante el desgaste etéreo

hasta quien sabe cuándo
las serenas moles alunizan
imponiendo sus trajes agrietados
pequeñas plazas, fuentes indecisas
casas de penumbras maceradas
la misma luz que brilla en las manzanas
serpea en el mendigo

Las voces del coro estaban afirmando
que si alguien te ama
debes golpear con una piedra tu pecho agradecido

todo integrado en horca y abalorio
torturarte si crees que te aman
un bíblico refrán y una torpe certeza

-cada ciudad dice que si, grita que no-
y ella juraba que nadie podría resolverlo

*OGNI CITTÀ DICE DI SI, GRIDA DI NO*

Passiamo a fianco a diverse epoche
con le loro danze di pietra
la magnifica vertigine
della materia nel suo processo
prima dell'etereo logorio

fino a chissà quando
le moli serene atterrano
imponendo i loro vestiti screpolati
piccole piazze, fontane indecise
case crepuscolari macerate
la stessa luce che risplende sulle mele
serpeggia nel mendicante

Le voci del coro affermavano
che se qualcuno ti ama
devi colpire con una pietra il tuo petto grato

tutto integrato con forca e chincaglierie
torturati se pensi che qualcuno ti ami
è un detto biblico e una maldestra certezza

- Ogni città dice di sì, grida di no -
E lei era convinta che nessuno potesse risolverlo

porque jamás será sencillo el vasto tema

es muy fácil saber que no te aman
las obras que hablan de amor son tan visibles
como la palabra "tierra" en la luz del faro
y el efecto colateral en la palabra "esfinge"

El vocerío del coro con su aburrido aliento
dejé de oír, pero el caso seguía
ella miraba sarcástica las sillas, los emblemas
un giro inapropiado para siempre aquella soledad
entonces bebimos agua de una fuente antiquísima
y no sé por qué nos pareció confiable

perché non sarà mai semplice il vasto argomento

è molto facile sapere che non ti amano
le opere che parlano d'amore sono così visibili
come la parola "terra" nella luce del faro
e l'effetto collaterale nella parola "sfinge"

Il vocio del coro con il suo respiro noioso
ho smesso di sentire, ma il caso proseguiva
lei guardava con sarcasmo le sedie, gli emblemi
una svolta inappropriata per sempre quella solitudine
e allora abbiamo bevuto l'acqua da un'antichissima
fonte
e non so perché ci sembrò affidabile

*DE MIRRA*

El tiempo no necesita tocar para entrar
pero el gong del recuerdo debe repicar
con estruendo metálico de tormenta y de invasión
para que despiertes de nuevo y surja de pronto
una y otra vez lo que has dicho para tus adentros

Debería haber un mérito que te proteja.
Si los mismos inocentes te lo han arrebatado
¿por qué asumir la forma de la vergüenza?

Desde aquella eternidad hasta la fecha
los dedos de ella gotean mirra
sobre la puerta en vela, la aterrada puerta
¿cómo reaccionar ante la seducción de las afueras?

Las dificultades que no tienen fianza del espíritu
son tiempo perdido a menos que agites el aire
como si fueras un fantástico personaje alado

Las paredes de la materia indiferente
ignoran tus manos que gotean mirra
el neón, los comercios,
la gente detenida en las paradas

## DI MIRRA

Il tempo non ha bisogno di suonare per entrare
ma il gong della memoria deve suonare
con il tuono metallico della tempesta e dell'invasione
così che ti svegli di nuovo e sorga all'improvviso
e un'altra volta ciò che hai detto nel tuo intimo

Dovrebbe esserci una virtù che ti protegga.
Se gli stessi innocenti te lo hanno portato via
perché assumere la forma della vergogna?

Da quell'eternità a oggi
le sue dita gocciolano mirra
sopra la porta sveglia, la porta terrorizzata
come reagire alla seduzione dell'esterno?

Le difficoltà che non hanno la garanzia dello spirito
sono tempo sprecato a meno che tu non agiti l'aria
come se fossi un fantastico personaggio alato

I muri della materia indifferente
ignorano le tue mani che gocciolano mirra
i neon, i negozi,
le persone detenute alle fermate

te ignoran mujer
y los guardias y otros vigilantes
esperan para golpearte

y sin embargo eso es vivir:
compartir la posibilidad de comprender
todo lo robótico maldito que sucede
eres la misma del pasado
eres la victima adorada

¿Qué vamos a hacer hoy?
¿cómo vamos a evadir nuestros abismos
y escalar nuestras cimas?
agita el aire con las alas que invoques
mientras recibes las torpes inclemencias

Escarlata viene de Bizancio
Cobre viene de Chipre
Aciago viene de Egipto

No puedo escribir esto sin repasar la suave
caricia inolvidable que nunca me has enviado
que murmuro hambriento cuando la noche suda
y la luna estorba

Vean esas enormes serranías,
esas escalinatas de cemento y de odio
hartas de cadáveres
donde desfallecen las horas del querer

ti ignorano donna
e i vigili e le altre guardie
aspettano di colpirti

eppure questo è vivere:
condividere la possibilità di comprensione
tutto il dannato robotico che succede
sei lo stesso del passato
sei la vittima adorata

Cosa facciamo oggi?
Come faremo a eludere i nostri abissi
e scalare le nostre vette?
agiti l'aria con le ali che invochi
mentre ricevi le goffe inclemenze

l'Amaranto proviene da Bisanzio
il Rame viene da Cipro
il Funesto viene dall'Egitto

Non posso scrivere questo senza rivedere la soffice
carezza indimenticabile che non mi hai mai dato
che mormoro affamato quando la notte suda
e la luna ostacola

Guarda quelle enormi montagne,
quelle scale di cemento e odio
strapiene di cadaveri
dove le ore dell'amore svaniscono

no son nada frente a lo que ella ha caminado
ha recorrido más trechos tristes que diez siglos de
cabras
y ha gemido desde su más amoratado ser
como todas las ballenas encalladas

esas veredas crueles
no son nada comparadas al muermo que provocan
los recuerdos de ofensas ad honorem
que siguen tallando muñecas dentro de las muñecas

La mujer es palimpsesto de sí misma
por eso saborea el resto del camino
sin miedo a mostrar el indefenso cuello
he ahí lo mejor después de lamentar
que el amor ha tocado la puerta y no lo han visto

non sono niente di fronte a ciò che ha camminato
ha percorso distanze più tristi che dieci secoli di capre
e ha gemuto per il suo essere più ferita
come tutte le balene spiaggiate

quei sentieri crudeli
non sono niente in confronto alle ghiandole che
provocano ricordi di reati ad honorem
che continuano a intagliare bambole all'interno di
bambole

La donna è un palinsesto di sé stessa
ecco perché assapora il resto del percorso
non ha paura di mostrare il collo indifeso
è il migliore dopo essersi pentiti
quell'amore ha bussato alla porta e loro non l'hanno
visto

*PORQUE EL VERBO ES LA ESENCIA*
*DE LO DESCONOCIDO*

En la corteza estriada mueve sus alas tenues,
el ser mimetizado
sé que también mis labios agitados se esconden
en un cuerpo leñoso
la mariposa existe y le doy su lugar
de bello silencio estructurado en polvo
aunque no conozca mi lenguaje
yo vivo para nombrarla
y ella existe para no escuchar

Puedes rezar sin palabras un sentimiento mudo
pero se vestirá de sílabas
si se rompe el columpio de la niña
y recuerdas el nombre de la piedra

Sintonizar la fuente que produce el amor
consiste en encontrar la voz de los ancestros
en la muerte se afinan los cantos de la vida

quizá solo obtenemos fragmentos de sus almas
alguna inspiración limada o desfasada
pero nunca hay vacío en aquello que ha muerto

Nella corteccia striata muove le sue ali sottili,
l'essere mimetizzato
So che si nascondono anche le mie labbra agitate
in un corpo legnoso
la farfalla esiste e le do il suo posto
del bel silenzio strutturato in polvere
anche se non conosce la mia lingua
vivo per chiamarla
e lei esiste per non ascoltare

Puoi pregare senza parole un sentimento muto
ma si vestirà di sillabe
se l'altalena della ragazza si rompe
e ricordi il nome della pietra

Sintonizzare la fonte che produce l'amore
consiste nel trovare la voce degli antenati
nella morte si affinano i canti della vita

forse otteniamo solo frammenti delle loro anime
qualche ispirazione levigata o obsoleta
ma non c'è mai vuoto in ciò che è morto

Las valientes y lúcidas gaviotas son del mar,
pero no lo poseen
apenas pueden tragar un espasmo salobre
y disfrutar la brisa
tampoco es su nación la tierra firme
entre edificios y botes de basura
tienen que pelear el pan con las palomas
cuando la gaviota intensa y la Columba livia
se contemplan
no hay palabras: esa podría ser una plegaria oculta
esa y no otra

I coraggiosi e lucidi gabbiani vengono dal mare,
però non lo posseggono
riescono a malapena a ingoiare uno spasmo salato
e godersi la brezza
nemmeno la terraferma è la loro nazione
tra edifici e bidoni della spazzatura
devono combattere per il pane con i piccioni
quando il gabbiano forte e la Colomba leggera
si contemplano
non ci sono parole: potrebbe essere una preghiera
nascosta quella e nient'altro

*COMPARACIONES*

Argos, el perro que fue hermoso corriendo en la
espesura
parece un llanto de la tierra ahora
viejo y abandonado sobre estiércol
de su orfandad se aferran garrapatas y pulgas

-Según contaba Homero-
en sus últimas horas vio al anciano mendigo,
movió la cola y alegró sus orejas
no tuvo fuerzas para alcanzar aquellas piernas
pero había reconocido a su mejor amigo
entonces Odiseo disimuló sus lágrimas
para que no lo descubrieran
y abandonó a su perro nuevamente

Aunque no lo hayas visto como hoy miras tu casa
una tristeza estalla al pensar en aquello
como si hubieras muerto en la injusta batalla
como si te hubiese alcanzado en la mandíbula
un derechazo de Rocco Francis Marchegiano
el de Brockton, Massachussetts,
cuya mano derecha se llamaba Suzie Q

Rocky Marciano está fuera del tema
aun siendo digno de tener cabida en la gloriosa poesía
de Homero

*CONFRONTI*

Argo, il cane che correva bellissimo nella boscaglia
ora sembra un grido della terra
vecchio e abbandonato sul letame
sul suo essere orfano si attaccano zecche e pulci

-Secondo il racconto di Omero-
nelle sue ultime ore vide il vecchio mendicante,
scodinzolò e rallegrò le sue orecchie
non ebbe la forza di raggiungere quelle gambe
ma aveva riconosciuto il suo migliore amico
quindi Odisseo nascose le sue lacrime
per non essere scoperto
e abbandonò di nuovo il suo cane

Anche se non l'hai visto come oggi guardi la tua casa
una tristezza esplode quando ci si pensa
come se fossi morto nella battaglia ingiusta
come se ti avesse colpito alla mascella
un destro di Rocco Francis Marchegiano
quello di Brockton, Massachusetts,
la cui mano destra si chiamava Suzie Q

Rocky Marciano è fuori tema
pur essendo degno di avere un posto nella gloriosa
poesia di Omero

aquí lo que importa es la imbatible tristeza de Argos
que sin ninguna intervención divina o espartana
reflejó todo lo que perdieron los hombres y los dioses

¿y qué es lo que perdieron?
heroísmo y martirio no parecen factibles
mucho menos las artes de la falsa dulzura
ha llegado la época en que es mejor sudar
hacer cosas que amansen la fiereza del día
y no añadir al trato entre hombres y mujeres
tonterías que fallezcan de anomalías románticas


no es relevante afirmar que ellas tienen labios de rosa,
ni que salta el cristal cuando rompen sus risas
sus ojos no son gemas,
ni hormas de estatuas griegas sus senos naturales
es arriesgado comentar que sus cuellos huelen a
nardos y jazmines
es intrínsecamente injusto y contraproducente
hablar así de esas personas, aunque su belleza sea una
constante
ellas suelen conducir camiones, aviones y naves
espaciales
y salvarte la vida con una cirugía complicada
saben tocar intensamente cualquier instrumento
y cantar como nadie
-sirenas, María Callas-

qui ciò che conta è l'imbattibile tristezza di Argo
che senza alcun intervento divino o spartano
rifletteva tutto ciò che gli uomini e gli dei hanno perso

E cosa hanno perso?
l'eroismo e il martirio non sembrano fattibili
tantomeno le arti della falsa dolcezza
è giunto il momento in cui è meglio sudare
fare cose che allevino la ferocia della giornata
e non aggiungere al patto tra uomini e donne
sciocchezze morenti di anomalie romantiche


non è rilevante affermare che hanno labbra di rosa,
né che s'infrange il cristallo quando scoppiano a
ridere
i loro occhi non sono gemme,
né calco di statue greche i loro seni naturali
è rischioso commentare che i loro colli odorano di
tuberosa e gelsomino
è intrinsecamente ingiusto e controproducente
parlare così di queste persone, anche se la loro
bellezza è una costante
guidano spesso camion, aerei e navi spaziali
ti salvano la vita con interventi chirurgici complessi
sanno suonare intensamente qualsiasi strumento
e cantare come nessun altro
-sirene, Maria Callas-

Ellas paren y aguantan sacrificios
por sus hijos, sus nietos y aquello que vendrá
no son leves, no son rayos de luna
golpean, golpean, con su plutonio ardiendo

A los quince años de edad
Aquiles, era el guerrero más temido de todos los
mundos
¿y por qué sucumbió?
¿quién arrasó las almas contrarias y amigas
y masacró a los unos y también a los otros en la
manida Troya?
una chica
la más bella del barrio
¿y con qué arma causó tal desastre?
con una sonrisa de dientes de perla

Loro partoriscono e sopportano sacrifici
per i loro figli, i loro nipoti e ciò che verrà
non sono blande, non sono raggi di luna
Colpiscono, colpiscono, con il loro plutonio che brucia

A quindici anni d'età
Achille era il guerriero più temuto di tutti i mondi
E perché ha ceduto?
Chi ha spazzato via le anime opposte e amiche
e massacrato sia l'uno che l'altro nella logora Troia?
una ragazza
la più bella del quartiere
E con quale arma ha causato un simile disastro?
con un sorriso di denti di perla

## DE TIEMPO EN TIEMPO, SI ME DICES LA HORA

Tengo una tontera: es que soy utópico
echo de menos la sensación del mediodía a punto de
estallar en tortolitas
quiero la imagen del escalofrío pectoral ante la
primera desnudez ajena
quisiera recordar qué pasó con los días que se fueron
tan rápido
eso fue un ventarrón, eso fue aspaviento de gallinas,
eso fue un celaje sin
premeditación ni alevosía
partieron como flechas buscando el corazón de una
gloria infantil

Nosotros acezábamos, yo no me podía detener
es que tenía piernas de indio desnudo, Bursera
simaruba, de cedro, de bambú
corrían bailando espinas, ciclistas adornadas bonitas y
morbosas
y mis pies podían atravesar las brasas del infierno sin
culpas ni temores,
sin miedo a las ampollas del placer regañado
mis piernas juveniles se presentaban orgullosas: todas
verriondas aquí
estamos
sentía mi maratón la pista fulgurante de los días
polvareda de instantes y minutos subiendo hacia las
hojas y los muros
asolando espejos y jardines como un potro en sequía,
las horas eran hierbas aplastadas, zapatos
embarrados con triperos de luz

*DI VOLTA IN VOLTA, SE MI DICI L'ORA*

Ho una cosa stupida: sono un utopista
mi manca quella sensazione del mezzogiorno quasi da
scoppiare in sciocchezze
voglio l'immagine dei brividi pettorali davanti alla
prima nudità aliena
mi piacerebbe ricordare cosa è successo ai giorni che
sono passati così veloci
quella è stata una forte folata, quello fu un trambusto
di galline, quello un cielo senza
premeditazione né tradimento
partirono come frecce cercando il cuore di una gloria
infantile
Noi correvamo, io non riuscivo a trattenermi
è che avevo le gambe di un indigeno nudo, Bursera
simaruba, di cedro, di bambù
correvano danzando tra spine, cicliste agghindate
adorabili e maniacali
e i miei piedi potevano attraversare le brace
dell'inferno senza colpe né paure,
senza timore delle vesciche dal piacere rimproverato
le mie gambe giovanili erano orgogliose: tutte
consumate siamo qui
sentivo nella mia maratona la traccia ardente dei
giorni
polvere di istanti e minuti che salgono verso le foglie e
le pareti
abbattendo specchi e giardini come un puledro nella
siccità,
le ore erano erbe schiacciate, scarpe infangate con
trombe di luce

en charcos de ilusiones sudando chapoteando
y de repente el freno, las rodillas y olé, la barriga y
stop.
De anciano refunfuñas y observas lentamente
aquella impresionante y profunda deforestación de
firmamentos
ardiendo las pléyades más allá de los goces
-Contemplé Aldebarán en el morboso insomnio
tragándose mi cama-
¿qué es esto tan enorme? preguntas tembloroso
"Es el día", te responden, "amanecer, atardecer,
anochecer, pastillas"
detallas sus orillas, las que ya no masticas en las
pizzas
es un día agigantado como una luna llena hasta los
tequeteques
lo respiras usando la escasa profundidad que
corresponda
y empiezas a mirarle las distancias

Pero lo amas: amas el día y paso a paso encontrarás el
parque
de donde Dios nos saca a cada rato
saborearás la vida en sus versiones diminutas, casi
microscópicas
porque ahora detallas hasta los ojos de los colémbolos
y los mosquitos
toserás, protestarás, criticarás, pero disfrutarás el
ancho y largo territorio voraz
y luego intentarás recordar la utópica tontera que
hablabas al principio

in pozzanghere di illusioni sudando schizzando
e improvvisamente il freno, le ginocchia e oplà, la
pancia e stop.
Da vecchio mugugni e osservi lentamente
quell'impressionante e profonda deforestazione dei
firmamenti
bruciando i circoli di artisti oltre i piaceri
-Ho contemplato Aldebaran nella morbosa insonnia
che ingoiava il mio letto-
cos'è questo così immenso? domandi timoroso
"È il giorno", rispondono, "alba, tramonto, calare della
notte, pillole"
definisci i suoi bordi, quelli che non mastichi più nelle
pizze
è un giorno ingigantito come una luna piena fino
all'orlo
lo respiri usando la limitata profondità che
corrisponde
e inizi a guardare le distanze

Ma tu l'ami: ami la giornata e passo dopo passo
troverai il parco
dove Dio ci porta ogni volta
assaporerai la vita nelle sue versioni minuscole, quasi
microscopiche
perché ora dettagli perfino gli occhi dei coleotteri e
delle zanzare
tossirai, protesterai, criticherai, ma ti godrai l'ampio e
lungo territorio vorace
e poi proverai a ricordare le sciocchezze utopiche di
cui parlavi in principio

*SEÑORAS DE LA BOHEMIA MIA*

¿Era un bar? Entonces jamás podré entender
por qué Aristófanes navegaba en mi mente
(creo que Aristófanes y Shakespeare crearon el
universo, el miocardio y la conciencia del saber)

Los borrachos y las botellas no importunaron a
Lisístrata
en la tempestad de mi memoria:

"Pero si me obliga por la fuerza contra mi voluntad
me dejaré de mala gana y no le seguiré en sus meneos
no levantaré hacia el techo mis zapatillas persas"

Quizá porque ella estaba ahí
meciendo su ternura con cintura.
Tenía cara de muñeca muerta
pero seguía y seguía y hacía su trabajo
con tenazas en la cabeza y alma de langosta
como si estuviera comiéndose el deseo
que hace crecer las rosas

Ella bailaba cada vez más distante
solo la música podía impresionarme
era un fandango y me golpeó en el pecho

*SIGNORE DELLA MIA BOEMIA*


Ero in un bar? Allora non potrò mai capire
perché Aristofane navigava nella mia mente
(penso che Aristofane e Shakespeare abbiano creato
l'universo, il miocardio e la consapevolezza della
conoscenza)

Gli ubriachi e le bottiglie non davano fastidio a
Lisistrata
nella tempesta della mia memoria:

"Ma se mi costringe contro la mia volontà
mi abbandonerò a malincuore e non seguirò i suoi
movimenti
non alzerò le mie pantofole persiane fino al soffitto "

Forse perché lei era lì
cullando la sua tenerezza con la cintura.
Aveva il viso di una bambola morta
ma continuava e continuava e faceva il suo lavoro
con le chele in testa e l'anima di un'aragosta
come se stesse mangiando il desiderio
che fa crescere le rose

Lei danzava sempre più distante
solo la musica poteva impressionarmi
era un fandango e mi ha colpito al petto

como un aerolito salido de lo oscuro
como la tos de sal que sufren las mareas
como la mala noticia de que ha muerto alguien
conocido
¿Camarón de la Isla?
¡en fin! era un fandango
¿Y quién tocaba la guitarra?
¡por Dios santo!

Invoco lo propio imaginario,
puedes enterrar tu luz y todos los objetos
si sientes alguna emoción saldrá de ti,
tendrás que macerarte en tu lenguaje
no me culpes por eso
quiero evolucionar independiente
y lo menos dañino posible en mi función de punto
cardinal
(le rezo a la gramática del sur)

Cantaba desarmándose distante y pudorosa
maquillada como una madre divorciada y enferma
recuerdo desgarrándose a Edith Piaf y entonces digo
totalmente onírico en mi cuerpo
Dios la ampare y el sol la favorezca
con el inmenso deseo de que Dios balbucee

come un aerolite uscito dall'oscurità
come la tosse salmastra sofferta dalle maree
come la cattiva notizia che qualcuno di conosciuto è
morto
Gamberoni dell'Isola?
comunque! era un fandango
E chi suonava la chitarra?
Ma per Dio!

Invoco il mio immaginario,
puoi seppellire la tua luce e tutti tuoi oggetti
se provi qualsiasi emozione uscirà da te,
dovrai macerare nel tuo linguaggio
non biasimarmi per questo
voglio evolvermi in modo indipendente
e il meno dannoso possibile nella mia funzione di
punto cardinale
(prego la grammatica del sud)

Cantava disarmante, distante e modesta
truccata come una madre divorziata e malata
ricordo distruggendo Edith Piaf e poi dico
totalmente onirico nel mio corpo
Dio l'aiuti e il sole la favorisca
con l'immenso desiderio che Dio balbetti

y no permita que ella se deshaga en el espacio
que no se deshaga en el espacio mío
aunque es difícil saber si tengo un alma
o si se trata de una mujer cantando

Se borraba y retornaba con su cara de muñeca muerta
y rememoraba a Patsy Cline después del accidente
vestida como una ama de casa recién golpeada
y yo implorando que Dios la guarde que Dios la
proteja
deseando que su voz no se diluya
y cada vez que la escucho
me contenta saber que sigue perturbándome
aunque no pueda apartar de mis anónimos tormentos
las ramas completamente deshojadas, desfloradas,
de aquello rosales perecidos

e non lasciarla cadere a pezzi nello spazio
che non cada a pezzi nel mio spazio
anche se è difficile sapere se ho un'anima
o se si tratta di una donna che canta

Si cancellava e ritornava con il suo viso da bambola
morta
e ricordava Patsy Cline dopo l'incidente
vestita come una casalinga appena picchiata
e io imploravo che Dio l'aiuti, che Dio la protegga
desiderando che la sua voce non si attenuasse
e ogni volta che la sento
mi rallegra sapere che continua a disturbarmi
anche se non posso accantonare dei miei anonimi
tormenti
i rami completamente spogli, deflorati,
di quei roseti appassiti

_FRIDA SE QUEDO' FOTOGRAFIADA_

I

Esos cerros bordando faldas y huipiles
en el mes de julio de su cuerpo
esa gaviota en el horizonte de su frente
eso que se estremece como un pez sin agua
entre la esterilidad y el adorno
esos árboles tocando pianos de nubes
esa oxidación de estrellas y sortijas
esa pequeña flor magenta en el camino de su voz
ese marfil órale ajedrez apretado sonreído bajo la
nicotina
esa música invisible del inmenso deseo
Desnuda en la penumbra la señora Frida

II

Enorme corazón de huesos rotos
sueño amoroso humeante que las pesadillas exhalan
Madre de los seres indefensos
ojos de madrugada cristalina para siempre
de dulzura implacable
El sello de tu boca con besos sedentarios de indígena y
hebrea
que el aire sea un corsé que el alma sea un corsé
que se abombe la enagua y se estreche la blusa

*FRIDA E' RIMASTA FOTOGRAFATA*

I

Quelle colline che ricamano gonne e huipiles
nel mese di luglio del suo corpo
quel gabbiano all'orizzonte della sua fronte
quello che trema come un pesce senz'acqua
tra sterilità e ornamento
Quegli alberi che suonano pianoforti di nuvole
quell'ossidazione di stelle e anelli
quel piccolo fiore magenta nel percorso della sua voce
quell'avorio pregiato di scacchi sorridendo sotto la
nicotina
quella musica invisibile di immenso desiderio
Nuda nell'oscurità la signora Frida

II

Un enorme cuore di ossa rotte
fumoso sogno amoroso che gli incubi espirano
Madre di esseri indifesi
occhi di alba cristallina per sempre
dolcezza implacabile
Il sigillo della tua bocca con baci sedentari di indigena
e di ebrea
lascia che l'aria sia un corsetto, che l'anima sia un
corsetto
che si gonfi la sottoveste e si restringa la camicetta

un río de dolores fluye desde su cabellera hasta sus
pies
cada cabello de su cabellera es un hilo de sutura
de la noche cirujana que esgrime un bisturí
sus pies igualan en crujidos a su pecho
toda vestida de alegría la muchacha triste

III

Las cintas de su pelo, las flores de su pelo
los sentimientos de su cabellera, el pensamiento de
sus besos
lienzos con olor a yodo y a mercurocromo
hospital con vértigo de trementina y volcán de
hembra recostada

Las cartas con sus llamas de pasión ascendiendo hacia
su cuello
el hielo de la soledad y de los malos recuerdos
bajando desde sus crinejas
y nada que podían los elementos con la belleza
indestructible
que proyectó desde sus escombros
aquella nación femenina
Tanto amor derrochado como un torrente sin cauce
la naturaleza miraba sus derrotas y sus glorias
desde la fauna edénica
zoología de penas divertidas

Ninguna cama volverá a ser lo mismo en el amar y en
el sufrir
los ojos de los monos afortunados la miran
ahora que se ha ido la ambulancia

un fiume di dolore scorre dai suoi capelli ai suoi piedi
ogni capello della sua chioma è un filo di sutura
del chirurgo notturno che brandisce un bisturi
i suoi piedi scricchiolano come il suo petto
tutta vestita di gioia la ragazza triste

III

I nastri dei suoi capelli, i fiori tra i suoi capelli
le sensazioni della sua chioma, il pensiero
dei suoi baci
tele con l'odore di iodio e mercurocromo
ospedale con vertigini di trementina e vulcano di
femmina sdraiata

Le carte con le loro fiamme di passione risalendo fino
al suo collo
il ghiaccio della solitudine e dei brutti ricordi scende
dalle sue criniere
e niente potrebbero gli elementi con la bellezza
indistruttibile
che proiettò dalle sue macerie
quella nazione femminile
Così tanto amore sprecato come un ruscello senza
canale
la natura osservava le sue sconfitte e le sue glorie
dalla fauna edenica
divertente zoologia del dolore

Nessun letto sarà mai uguale nell'amore e nella
sofferenza
gli occhi delle scimmie fortunate la guardano
ora che è partita l'ambulanza

destartalada intensidad del escribir
redacta ella, la pintora más sincera de los santos óleos
con la potencia airosa de sus dedos
"Espero alegre la salida, y espero no volver jamás"
Y se ruedan las sábanas

IV


Ese cielo aferrado como pereza a tu espalda
detrás del muro y del jardín
y al lado con su emoción melosa el Xoloitzcuintle
no te sientes, camina, no te quedes parada,
vamos a buscar huesos
ni saltando alcanzaría tu espejo
deja tu otra yo y vayamos
al patio de la casa, a buscar huesos
el que encuentre un fémur gana un fémur

Desde antes que nacieras
el universo dibujó tu boca
alguien en Nueva York creyó que estaba alucinando
cuando descubrió en una azotea el amarillo
anaranjado azul y blanco
del traje cuyo cielo está detrás del muro con espejo
y la pintora que sería deseada, amada y traicionada
solo añoraba las mañanas con sus perros
y la agrietada conversación amorosa del pintor
La bella durmiente se quedó convertida en caballete
aunque Diego se inclinó desde las alturas y la besó

intensità di scrittura sgangherata
scrive, la pittrice più sincera degli oli sacri
con il grazioso potere delle tue dita
"Attendo con ansia la partenza e spero di non tornare
mai più"
E si arrotolano le lenzuola

IV

Quel cielo che ti si aggrappa alla spalla come la
pigrizia
dietro al muro e al giardino
e accanto con la sua emozione mielata lo
Xoloitzcuintle
non sederti, cammina, non fermarti,
andiamo a trovare le ossa
nemmeno saltando raggiungeresti il tuo specchio
lascia il tuo altro io e andiamo
nel patio della casa, a cercare le ossa
chi trova un femore vince un femore

Da prima che tu nascessi
l'universo aveva disegnato la tua bocca
qualcuno a New York pensava che fossi allucinata
quando ha scoperto in un sottotetto il giallo
l'arancione, il blu e il bianco
del vestito il cui cielo è dietro la parete a specchio
e la pittrice che sarebbe stata voluta, amata e tradita
desiderava solo le mattine con i suoi cani
e l'incrinata conversazione d'amore del pittore
La bella addormentata è stata trasformata in un
cavalletto
anche se Diego si è chinato dall'alto e l'ha baciata

V

Su rostro intacto como de altar y de papalote en la
repisa celestial
la columna vertebral del tiempo sosteniendo una
estatuilla de barro
y en el centro de su calavera una bandada de ideas a
punto de volar con el estruendo de la seda

Eternas lanzas ensartando sus carnes
los aparatos infernales solo se apaciguan con sus
manos
ella y el sol recostados en el muro encalado en lujuria
y engaño
toda fotografiada, que si mira hacia atrás se vuelve
película

Su rostro intacto y firme de trapecista húngara
contorsionista de Tlatilco en ese verano de
poliomielitis aguda
frágil y poderosa reina despechada
las cámaras y los fotógrafos que van a morir te
saludan

VI
A los hombres de México les dieron una Malinche para
odiar
y la señora Frida ha recuperado la nobleza del amor
para que la Malinche los perdone

Una vez el caracol del destino caminó en su vientre
ella fue el púlpito de los pericos

V

Il suo volto intatto come un altare e un aquilone sullo
scaffale celeste
la spina dorsale del tempo che regge una statuetta di
argilla
e al centro del cranio uno stormo di idee in procinto di
volare con il rombo della seta

Eterne lance che infilzano le loro carni
gli apparecchi infernali si placano solo con le loro
mani
lei e il sole appoggiati al muro imbiancato in preda
alla lussuria e all'inganno
tutta fotografata, che se guardi indietro diventa film

Il suo volto intatto e fermo di una trapezista
ungherese
contorsionista di Tlatilco in quell'estate di
poliomielite acuta
fragile e potente regina abbandonata
le macchine fotografiche ed i fotografi che stanno per
morire ti salutano

VI
Agli uomini del Messico è stata data una Malinche da
odiare
e la signora Frida ha ritrovato la nobiltà dell'amore
così che la Malinche li perdoni

Una volta che la lumaca del destino camminò sul suo
grembo
era il pulpito dei chiacchieroni

que contaban en su idioma verde las heridas de
antaño
Escribía pintando y pintaba escribiendo sobre las
tripas revueltas del querer
y la ternura in pectore martirizada por el siglo veinte
Era la tlacuiloa que pintaba los códices del México
presente y ausente

VII
Pez y perro Xoloitzcuintle, penca de maguey, ajolote y
dios de fuego
Magdalena Carmen Freda Frida Kahlo y Calderón,
si Adelita se fuera con otro
vagina con alma, fractura sin nostalgia en el ómnibus
de Jehová
cara de virgen con quien practicó sus embarazos
catastróficos
el Espíritu Santo

Ahora pueden pensar lo que les venga en gana
mira esa realidad en clave de sueño
los dioses que se embobaron con ella
han destruido el mundo cuatro veces
y lo han reiniciado con una semilla de pavo real
con un huevo de nopal, con un ovario de cuervo
que parió tus cejas
este es el quinto sol que tenemos y que usamos me
lleva la chingada
ahora pueden creer o seguir cultivando los olvidos
la niña Frida nació y murió como una muñeca acunada
en espinas
que ella misma pintó.

che raccontavano le ferite del passato nel loro
linguaggio verde
Scriveva dipingendo e dipingeva scrivendo sulle
viscere travagliate del desiderio
e la tenerezza in pectore martirizzata dal novecento
Era la tlacuiloa che dipingeva i codici del Messico
presente e assente

VII
Pesce e cane Xoloitzcuintle, foglia di maguey, axolotl e
dio del fuoco
Magdalena Carmen Freda Frida Kahlo e Calderón,
se Adelita andasse con un altro
vagina con l'anima, frattura senza nostalgia su
l'autobus di Geova
volto di vergine con cui ha praticato le sue gravidanze
catastrofiche
lo Spirito Santo

Ora possono pensare quello che vogliono
guarda quella realtà come un sogno
gli dèi che erano affascinati da lei
hanno distrutto il mondo quattro volte
e l'hanno riavviato con un seme di pavone
con un uovo nopal, con un'ovaia di corvo
che ha dato alla luce le tue sopracciglia
questo è il quinto sole che abbiamo e che usiamo, è
andato tutto a puttane
ora possono credere o continuare a coltivare l'oblio
la ragazza Frida è nata e morta come una bambola
cullata dalle spine
che ha dipinto lei stessa.

## LA PLAYA PUEDE SER UN CALVARIO

I
¿Cuántos días de Reverón hay en un cuadro de
Reverón?

El doctor dijo que le toca tratamiento esta semana
su garganta repite los gritos de los otros
que vuelan en zaguanes hediondos a creolina

Voy a pintar tu luz que ya no es tuya cuando el mar se
la traga y la vomita
esa luz con leñas de aire y brasas de espejismo
colinas esmeraldas incendiadas en vapores salados
una luz que ya no es tuya se retuerce en la arena

Cocoteros surgidos del carbón igual que el horizonte
y la silueta de gordura dulce de aquella maja sin igual
muñeca que respira

La desesperación de toda orilla espernancada como
una pregunta
nunca sospeché que Juanita se quedaría viviendo en la
pintura
la última vez que pude verla era una maja de hospital
agonizaba y posaba con su acoquinado sonreír
se podía creer que olía a trementina

Yo cumplía nueve años y no sabía que existían
pintores desesperados

*LA SPIAGGIA PUO' ESSERE UN CALVARIO*

I

Quanti giorni di Reverón ci sono in un dipinto di
Reverón?

Il dottore ha detto che dovrebbe essere curato questa
settimana
la sua gola ripete le grida degli altri
che volano nei corridoi puzzolenti di creolina

Dipingerò la tua luce che non è più tua quando il mare
la inghiotte e la vomita
quella luce con tronchi d'aria e brace di miraggio
colline color smeraldo incendiate di vapori salati
una luce che non è più la tua si dimena nella sabbia

Le palme di cocco sono emerse dal carbone proprio
come l'orizzonte
e la sagoma della dolce carnosità di
quell'impareggiabile simpatia
bambola che respira

La disperazione di ogni riva viene posta come una
domanda
non ho mai sospettato che Juanita sarebbe rimasta a
vivere nel dipinto
l'ultima volta che l'ho vista era una carina d'ospedale
agonizzava e posava con il suo sorriso rannicchiato
potevi credere che odorasse di trementina

Avevo nove anni e non sapevo che esistessero pittori
disperati

el sol tenía millones y millones de siglos y no ha
debido creerse superior
yo ni siquiera sospechaba que un viejo se estuviera
muriendo de tanto pintar
pero sé que la ausencia de todos sus paisanos
no ha dejado de figurar en el degredo espiritual de sus
esbozos
porque así se hizo el escudo de Aquiles para narrarlo
todo

II
Atravieso minuto a minuto ese resplandor que se
convierte en budare
y no me va a cocinar vuelta y vuelta todo entero
porque me amarraré como una hallaca de maíz por la
mitad del cuerpo
y solo podrá saborearme
cuando corra en los pasillos del doctor y de los que
tienen mal de luna
yo, el único con mal de sol, mordisqueado por la mitad
de los pecados

III
¿Cuántos días de Reverón hay en un cuadro de
Reverón?

Queda café para mañana; ya se acabaron los frijoles y
los plátanos
mandaron el recado de que su mamá viene a vivir con
nosotros
las moscas han llenado de pecas asquerosas a todas
las muñecas
y su mamá está enferma

il sole aveva milioni e milioni di secoli e non ha
dovuto credersi superiore
non sospettavo nemmeno che un vecchio stesse
morendo per così tanta pittura
ma so che l'assenza di tutti i suoi conterranei
non ha smesso di apparire nell'esilio spirituale dei
suoi schizzi
perché è così che è stato creato lo scudo d'Achille per
narrare tutto

II
Di minuto in minuto percorro quel bagliore che
diventa padella
e non mi cucinerà su ogni lato tutto intero
perché mi legherò come un tamale di mais per la metà
del corpo
e potrà solo assaporarmi
quando corro nei corridoi del dottore e di chi ha il mal
di luna
Io, l'unico con il mal di sole, sgranocchiato a metà dai
peccati

III
Quanti giorni di Reverón ci sono in un dipinto di
Reverón?

Il caffè è finito per domani; i fagioli e le banane sono
finiti
Hanno inviato il messaggio che sua madre verrà a
vivere con noi
le mosche hanno riempito tutte le bambole di
lentiggini sporche
e sua madre è malata

No te imaginas el intenso dolor que sintió al eliminar
los colores
arráncate el cuero, arráncate la piel, jálate un arrebol
en carne viva

renunciar al arcoíris de los óleos y las témperas
es momificar las emociones

porque dejan de existir las trinitarias, las guacamayas,
los mangos sonrojados

Después leí que él fue desechando los colores
hasta quedar en soledad con el azul
y luego aquel sollozo inexplicable que se evaporó con
la canícula
cuando decidió desprenderse del óleo celeste que
representa el largo viajar hacia todo lo que es
negrura

Su mamá está allá afuera diciéndole cosas al mar
cerrando sus postigos para que no entre el aire
trancando todos sus ojos para dejarle a usted el resto
de la luz
¿Cuántos días de angustia de Reverón hay en un
cuadro de Reverón?}

IV
En cada gota de pintura caben desasosiegos para
inundar un valle
Juanita inmóvil observa arrinconada
con el vestido entre las piernas espera la vaga
intimidad sin caballete

Non puoi immaginare il dolore intenso che ha provato
durante la rimozione dei colori
fa' impallidire il cuoio, la pelle, togli il rossore
della carne viva

rinunciare all'arcobaleno degli oli e delle tempere
è mummificare le emozioni

perché smettono di esistere le bouganville, le Ara,
i manghi rubescenti

Più tardi ho letto che stava scartando i colori
finché non è rimasto in solitudine con l'azzurro
e poi quell'inspiegabile singhiozzo che evaporò con
la canicola
quando ha deciso di sbarazzarsi dell'olio celeste che
rappresenta il lungo viaggio verso tutto ciò che è
oscurità

Sua madre è là fuori a dire cose al mare
chiudendo le sue persiane perché l'aria non entri
chiudendo tutti gli occhi per lasciare a te il resto della
luce
Quanti giorni di angoscia di Reverón ci sono in un
dipinto di Reverón?}

IV
In ogni goccia di vernice l'irrequietezza si adatta fino a
inondare una valle
Juanita immobile osserva messa alle strette
con l'abito tra le gambe attende la vaga intimità senza
cavalletto

sus muslos se han borrado dejando huérfanas a las
polillas

¿habrá un día en que me bese como el día que lo hizo?
¿fue un beso la mirada de sus ojos
cuando miraba en el espejo aquella cara
que envejecía mirándome sin verme?
¿y cuándo comeremos hervido de gallina?

Hoy vi un rabipelado Armando y no pude matarlo
porque me dio tristeza:
tenía ojos de no haber comido.

Cuando su pobreza no subía al tren Reverón caminaba
hasta Caracas
y se le llagaban los pies
y le brotaban los gusanos
un día de Reverón podía descomponerse

V
En 1924 todo se volvía blanco y él estrenaba alivios
Reverón desnudo pintaba sus maravillas en la playa
y las señoras que veraneaban huían inútilmente
porque ya eran minutos en el yute sagrado
con sus sombrillas y sus trotes de olorosos cabellos
y aquellas hondas pupilas donde cayeron los azules
La luz intensa entra en su cuerpo y lo envuelve en
ceguera busca las sombras frescas de una iglesia sin
invertir un rezo
sombras donde Jesús enfoca su mirada dolorosa y
comprueba
que él y Reverón son el autorretrato de lo viejo

le sue cosce sono state cancellate lasciando orfane le
tarme
ci sarà un giorno in cui mi bacerà come il giorno in cui
l'ha fatto?
Era un bacio lo sguardo nei suoi occhi
quando ammirava nello specchio quella faccia
che invecchiava guardandomi senza vedermi?
E quando mangeremo il brodo di gallina?

Oggi ho visto un opossum Armando e non ho potuto
ucciderlo perché mi ha reso triste:
aveva gli occhi di uno che non aveva mangiato.
Quando la sua povertà non saliva sul treno, Reverón
camminava  fino a Caracas
e i suoi piedi si riempivano di piaghe
e gli germogliavano i vermi
un giorno Reverón potrebbe decomporsi

V
Nel 1924 tutto divenne bianco e lui assaggiava la
tranquillità. Reverón nudo ha dipinto le sue
meraviglie sulla spiaggia e le signore in estivazione
fuggivano inutilmente
perché erano già minuscole nella iuta consacrata
con i loro ombrelloni e il loro trotto di capelli
profumati e quelle pupille profonde dove cadevano gli
azzurri
La luce intensa entrava nel suo corpo e lo avvolgeva
nella cecità cerca le fresche ombre di una chiesa senza
investire una preghiera
ombre dove Gesù concentra il suo sguardo doloroso e
controlla
che lui e Reverón siano l'autoritratto dell'antico

Podrás pensar un momento y sacar conclusiones
porque en 1926
Armando Reverón solo pintó dos cuadros
¿Cuántos días de Reverón hay en un cuadro de
Reverón?
el sufrir recalentado, el sufrir de la burla, el sufrir de
tener amor y no tenerlo
porque cada cuadro se lleva las cálidas caricias, la
alegría de Juanita
las utópicas comodidades del alma, el río de cariño
que brotaba desde la boca silenciosa de su
madre

Sufría porque no pintaba para vender ni para comer
ni siquiera para mantenerse
Pintaba por el placer de descubrir
que los colores surgirían cuando él revelara el vacío
donde nacen

El sol se zambulle en los ojos fingiendo que lo hace en
el mar
El sol evapora el espíritu haciéndose pasar por
encandilamiento de cocoteros

Reverón dedicó su vida a pintar la transparencia
dolorosa del día
porque solo así podía escapar de sus tinieblas

Puoi pensare un attimo e trarre conclusioni sul perché
nel 1926
Armando Reverón dipinse solo due quadri
Quanti giorni di Reverón ci sono in un dipinto di
Reverón?
Le sofferenze surriscaldate, le sofferenze per lo
scherno, la sofferenza di avere l'amore e non averlo
perché ogni quadro porta le calde carezze, l'allegria di
Juanita
le utopiche comodità dell'anima, il fiume di affetto che
scorreva dalla bocca silenziosa di sua madre

Ha sofferto perché non dipingeva per vendere o per
mangiare
nemmeno per mantenersi
Dipingeva per il piacere di scoprire
che i colori sarebbero emersi quando lui avrebbe
rivelato il vuoto da dove erano nati

Il sole si tuffa negli occhi fingendo di farlo in mare
Il sole fa evaporare lo spirito fingendo di essere un
abbaglio di palme di cocco

Reverón ha dedicato la sua vita a dipingere la
dolorosa trasparenza della giornata
perché solo così poteva sfuggire alla sua oscurità

VI

Y cuando pasé por el museo contemplé que su alma
seguía allí como secándose en una mata
en una tela con cuatro toques tan levemente blancos y
el sol asombrado
ya casi devorados todos nosotros por las luces
en la calle vendían pinchos de carne asada
y la ciudad curtía sus atmósferas con meados de
cerveza
Esa tarde me reencontré con la viuda de un amigo que
en paz descanse,
y se puso a llorar mientras me contaba
toda la tragedia de la operación y los gastos médicos.

VI

E quando sono passato dal museo ho contemplato che
la sua anima era ancora lì come essiccata in un
cespuglio
in una tela con quattro tocchi così delicatamente
bianchi e il sole sbalordito
ha quasi divorato tutti noi con le luci
per strada vendevano spiedini di carne arrosto
e la città risplendeva le sue atmosfere con piscio di
birra
Quel pomeriggio ho incontrato di nuovo la vedova di
un amico che riposi in pace,
e ha cominciato a piangere mentre mi raccontava
tutta la tragedia dell'operazione e delle spese
mediche.

*TRASPASADO*

He estado retornando de mí mismo
he estado abandonándome como una casa
he visto lo lejos que quedan mis patios interiores
allá he ido a parar adonde gozábamos los muebles
las sonrisas menores
las almohadas dentelladas
tu luz de abejas
toda esa tristeza beneficiosa está en los ojos

Era como de papelón diluido en Atlántidas su espíritu
su altar de labias
siempre se quedó callada todo un tiempo en mí mismo
silencio de mar de dormirse en una raíz
y su pecho nadando en manteles de sol
en marcos de azúcar sin novios telarañas de orégano
muchacha horneada en plácidas canciones
era una princesa coronada sirvienta
la recuerdo asomándose como una aparición de
limusina
y su voz de cuerda reventada en el Stradivarius de la
tarde
el niño está tosiendo, la sopa está montada, y yo
estaba tosiendo enamorado

Alguna vez tuve que ser un ópalo en mí mismo
para andar de sortija en sus manos de alumbre
he estado retornando

*TRASFERITO*

Sono tornato da me stesso
mi sto abbandonando come una casa
ho visto quanto sono lontani i miei cortili interni
là sono andato dove ci godevamo i mobili
i sorrisi minori
i cuscini seghettati
la tua luce d'api
tutta quella benefica tristezza è negli occhi

Era come lo zucchero di canna diluito in Atlantide
il suo spirito l'altare delle sue labbra
ha sempre taciuto tutto il tempo in me stesso
silenzio del mare di addormentarsi in una radice
e il suo petto nuotava nelle tovaglie del sole
in cornici di zucchero senza fidanzati ragnatele di
origano
ragazza cotta in placide canzoni
era una principessa incoronata serva
la ricordo che faceva capolino come un'apparizione in
limousine
e la sua voce, una corda rotta nello Stradivari del
pomeriggio
il bambino sta tossendo, la minestra è su e io tossivo
innamorato

Una volta dovevo essere anch'io un opale
per camminare come un anello nelle sue mani di
allume
sono ritornato

he hablado sin carne
y le he dolido al sueño
únicamente yo me he venido hacia acá
desde el oro cochano del olvido acordado
su vestido volando como linterna china
traspasado de meridiano en popelina para desfallecer
un día antes
y sus piernas de misa

ho parlato senza carne
e ho ferito il sogno
soltanto io sono venuto qui
dall'oro zecchino concesso dall'oblio
il suo vestito volava come una lanterna cinese
trasferito da meridiano in popeline per venir meno il
giorno prima
e le sue gambe di messa

# Nota dell'editore

Con la poesia di **José Pulido** ci addentriamo in un mondo linguistico affascinante in cui solo la poesia latinoamericana è in grado di portarci. Ogni parola è un aprirsi a nuovi orizzonti, ogni verso può contenere mille sfumature e può risultare particolarmente complesso nella sua struttura, pur senza mai perdere la traccia poetica che lo caratterizza. Quando impariamo e conosciamo lo stile di scrittura di questo autore, siamo in grado di riconoscerlo anche tra centinaia di altri artisti. La sua arte si nutre di un'accorata ricerca sulle parole, e sui concetti che una singola parola può contenere: il risultato è un viaggio d'interpretazioni.

Siamo davanti quindi a un *dottore delle parole,* e se è permesso lo definiremmo a pieno titolo un *alchimista della composizione.* Nella sua poesia possiamo trovare quel metodo che solo un bravo linguista può possedere.

Non neghiamo che l'impresa di traduzione che abbiamo effettuato ha richiesto molto impegno, essendo il linguaggio di José Pulido particolarmente ricco e ricercato; e non neghiamo di aver avuto non poche difficoltà nel trovare le giuste parole in italiano, quelle in grado di essere il più aderenti possibile al senso di ogni poesia di questo meraviglioso libro.

Siamo davvero di fronte alla pura innovazione della parola. La poesia venezuelana, soprattutto con questo autore, può rendere il lettore soddisfatto della sua scoperta.

I nostri ringraziamenti vanno alla traduttrice letteraria *Floriana Quaretti* e alla poetessa *Lisette Fernandez*. Avete tra le vostre mani un prezioso gioiello che per la prima volta è stato tradotto e pubblicato in italiano: sono tutte poesie inedite che l'autore ha voluto donarci per realizzare questa splendida raccolta.

Se avete apprezzato questo volume, vi invitiamo a condividerlo con tutti coloro che sono ancora ignari dell'esistenza, e dell'enorme ricchezza, della poesia venezuelana.

www.ingramcontent.com/pod-product-compliance
Lightning Source LLC
Chambersburg PA
CBHW071418150726
48000CB00001B/381